读书的力量

THE POWER OF READING

《读书的力量》编辑出版委员会 ◎编

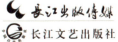

长江文艺出版社

图书在版编目（ＣＩＰ）数据

读书的力量 / 《读书的力量》编辑出版委员会编
. -- 武汉：长江文艺出版社， 2017.4
　　ISBN 978-7-5354-4515-5

　　Ⅰ. ①读… Ⅱ. ①读… Ⅲ. ①读书活动－研究 Ⅳ.
①G252.17

　　中国版本图书馆 CIP 数据核字(2017)第 071225 号

选题策划：李　潇
责任编辑：李　潇　毛　娟　　　　　媒体运营：韩澍东　　刘程程
文字整理：秦文苑　　　　　　　　　责任校对：陈　琪
封面设计：天行云翼　　　　　　　　责任印制：邱　莉　　刘　星

出版：长江出版传媒　长江文艺出版社
地址：武汉市雄楚大街 268 号　　　　邮编：430070
发行：长江文艺出版社
电话：027—87679360
http://www.cjlap.com
印刷：湖北恒泰印务有限公司

开本：740 毫米×1020 毫米　　　1/16　　印张：15.625　　插页：2 页
版次：2017 年 4 月第 1 版　　　　2017 年 4 月第 1 次印刷
字数：218 千字

定价：39.80 元

《读书的力量》编辑出版委员会

大型电视系列片《读书的力量》摄制组职员表

总 编 导：夏　骏

编　 导：何　苗

撰　 稿：夏　骏　邓　心　何　苗
　　　　　李海晏　王家祥　戴　磊

动画导演：甄　涵

解　 说：苏　扬

摄　 影：赵志伟　王　晗

特技摄影：陈立彬

音乐编辑：刘　悦

作　 曲：张　恒　王晓沙

照　 明：王鹤鸣

剪　 辑：曹爱珍

造　 型：李　莉

统　 筹：袁小妮

三维动画：北京九州纪实影视文化有限公司

特效总监：钱　亮　黄　灿

动画制作：胡立珍　宋晨曦　张晓鸣　史真玲

全国全民阅读活动组织协调办公室

中共湖北省委宣传部

湖北省新闻出版广电局

北京中视星云文化传媒有限公司

读书的力量

梁伟年

不少人有因某本书或某次书缘影响人生甚至改变命运的记忆。这记忆，不会随岁月的流逝淡忘，会成为领悟和提升人生价值的火种，成为向前进的动力，成为生命中珍贵的一部分。

这本《读书的力量》，呈现的是关于书与人类命运、民族命运根连魂牵的深沉历史记忆。人类进化的步履因文字的产生而陡然加快，人类文明的色彩因书的出现而斑斓多姿。书的传承形成了族类的独特文化基因，书的传播巩固着人类的命运共同体。

中华民族自古就有崇文尚德、诗书传家的传统，这是我们的民族之魂，是华夏文明的根脉。读书给人增添智慧，所谓"书犹药也，善读之可以医愚"；读书使人身心愉悦，所谓"书卷多情似故人，晨昏忧乐每相亲"；读书助人修心养德，"世上几百年旧家无非积德，天下第一件好事还是读书"……读书的力量，推动着人类文明生生不息、绵延不绝。

在科技进步、文明昌盛的今天，读书更是如同空气和水一样不可缺少。互联网大潮席卷着人们的物质和精神生活，冲击着传统阅读方式，但相比快餐式、碎片化、被动型的知识获取，读书提供的系统知识和丰富营养，依然有力地支撑着人们，使人保持思想活力，得到智慧启发，增强精神之气。

习近平总书记强调，要把读书学习作为一种追求、一种爱好、一种健康的生活方式，做到好学乐学。党的十八大以来，"开展全民阅读活动"纳入社会主义文化强国建设内容，"倡导全民阅读"写进政府工作报告，"全民阅读"列入"国家'十三五'文化重大工程"之中……，全民阅读在中华大地蓬勃开展，对于培育和践行社会主义核心价值观、增强文化自信、建设社会主义文化强国起到了重要作用。

让书香飘扬在城乡每个地方，全民阅读必将进一步提高全社会的文明素养。电视系列片《读书的力量》在央视播出，《读书的力量》一书出版，使人们更深地了解书的魅力、体悟读书的力量，是一件很有意义的实事。我们早已告别书籍匮乏、买不起书的年代。我们现在完全有条件多读书、读好书，更好地传承民族文脉，建设伟大时代，实现伟大梦想。

（作者系中共湖北省委常委、宣传部部长）

Contents

目 录

文字,造纸术和印刷术,当人类文明的三个伟大成果在同一时空不期而遇,现代意义上的书籍便横空出世。它既是文明累积和相互作用的产物,同时又肩负着传承文明的巨大使命。从此,读书变成人类生活的重要组成部分。文明,如涓涓细流汇成了一泻千里的奔腾江河。

壹：文明根脉

在人类文明史上,有三个巨人,同样没有留下自己的亲笔著作,而承载他们思想观念的书籍又分别产生了巨大的影响力,这就是记录孔子思想的《论语》、记录苏格拉底思想行为的《对话录》和描述耶稣言行的《福音书》。可以说,那些及时记录他们思想言行的学生和门徒与这些巨人具有同等伟大的文明贡献,没有他们以书籍的形态及时传承,伟大的思想和人格就可能昙花一现,文明的火种就可能再一次熄灭于历史的漫漫长夜之中。

贰：精神底色

书籍像一粒种子,每到一地便生根发芽;书籍有一种力量,是数十亿地球人灵魂深处的动力,因为人类旺盛的求知欲,世界呈现出无限的可能性,在以书籍为核心媒介的传播影响中,我们的世界在充满戏剧性的变幻中演进。

叁:历史之轮

回首千年历史,那些活跃于乡间,或教书育人,或救死扶伤,或著述传世的落第者,无形之中影响着中国最广大的群体,其中不乏李渔、洪昇、顾炎武、金圣叹、黄宗羲、吴敬梓、蒲松龄这样自成一派的大家。他们用读书人的视野和胸怀构建起中华文明宽厚深广的底盘,成为这个古老文明虽历经风雨却绵延不断的坚强支撑。

肆:书写人生

国际阅读协会在一份报告中指出，阅读能力的高低直接影响到一个国家和民族的未来。对于一个有着五千年文明传承的国家来说，当"牛角挂书"的动人情景再也找不到栖身之所时，我们必须正视实际上已经存在的"阅读危机"。

伍：全民阅读

附录：

后记：

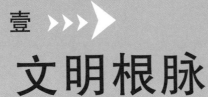

壹 ▶▶▶▶

文明根脉

　　文字,造纸术和印刷术,当人类文明的三个伟大成果在同一时空不期而遇,现代意义上的书籍便横空出世。它既是文明累积和相互作用的产物,同时又肩负着传承文明的巨大使命。从此,读书变成人类生活的重要组成部分。文明,如涓涓细流汇成了一泻千里的奔腾江河。

一个意味深长的现象出现在我们面前：在人类可追溯的 300 多万年历程里，人类并没有"主宰"这个星球，生存的方式也大致相同，人类控制了火以后，便从大型猫科动物的捕食对象变成了捕食其他动物的万物灵长——火为人类提供了前所未有的保护，拓展了他们的生活空间。这个动作也被视为人类文明的开端。

● ● ● ● ● ● ●

在江苏省吴江市的松陵公园内，坐落着一位著名学者的墓地。一本摊开的石雕书卷安放在他的墓前，象征着他在学术领域的杰出贡献，也表达着他对于文化的终身热忱。这位学者就是中国社会学和人类学的奠基人费孝通。费孝通的一生学贯中西，著作等身。他所写作的《江村经济》一书更是成为国际人类学界和社会学界的经典之作。

● 费孝通

● 费孝通墓

《江村经济》

惜字塔

然而,费孝通与文化的初识,却来自于他不识字的祖母。

在他童年的记忆中,八十多岁高龄的祖母总会带着他在屋前的巷弄里捡拾书有字符的纸片,再恭敬地置于炉火中烧掉。祖母告诉他"要敬惜字纸"。

千百年来,在中国的很多地方都承续着"敬惜字纸"的文化传统,有的城镇还有专门用于焚烧字纸的"惜字塔"。

人们对纸片上的文字保留着敬畏之心,他们相信:字为世间至宝,能使凡者圣,愚者智,贫贱者富贵,疾病者康宁。这些附着字符的纸张,不但记录着历史、传播着文化,还印刻着人类文明的密码,蕴藏着改天换地的神奇力量。

1 文字的诞生

一个意味深长的现象出现在我们面前：在人类可追溯的300多万年历程里，人类并没有"主宰"这个星球，生存的方式也大致相同，人类控制了火以后，便从大型猫科动物的捕食对象变成了捕食其他动物的万物灵长——火为人类提供了前所未有的保护，拓展了他们的生活空间。这个动作也被视为人类文明的开端。

如果不是这个意外的发现，我们现在可能还在小河边打磨着一把坚硬的石斧。河水退去后细腻光滑的泥土上，几只小鸟留下"到此一游"的足迹，一个正在苦苦思索的人为这个发现高兴得手舞足蹈。

● 古籍"鹧鸪文"

在直立人的社会中，合作与群体协调行动变得极为重要，有意识的模仿行为是那个时候最重要的教与学。

● 早期的原始人

然而创造了文明的早期智人不得不面对这样的苦恼——之前人类所获得的知识只能为自己所用，下一代必须又从头开始，老一辈死去后，他们的智慧也随之永远地封存在头脑中了。

● 象形字

● 阴山山脉

时间轴展现发展历程，660万年前，人类开始从黑猩猩中分化出来。300万年前，双足行走让人类祖先的大脑容量迅猛增长。142万年前，人类开始使用火。

而在横亘中国北部的阴山山脉中，这些刻印在砂石上的岩画已经默默存在了数千年，它们是中国北方的游牧民族关于狩猎、放牧、舞蹈、战争等事件的记载。

类似于阴山岩画这样的早期人类生活记载还有法国的韦泽尔峡谷洞穴群，西班牙的阿尔塔米拉洞穴岩画，挪威的阿尔塔岩刻，南非德拉肯斯山公园，阿根廷洛斯马诺斯岩画，澳大利亚卡卡杜国家公园，哈萨克斯坦的泰姆格里考古景观岩刻等，

● 阴山岩画

遍及地球上五大洲的多个角落。研究者认为，这些岩石上的图画，作为人类早期的视觉表达，是人类文字发明以前最重要的记录，它所提供的信息，是研究人类历史的非常重要的资料。遗憾的是，我们至今仍然无法完全破译其中的信息涵义。更为令人叹惜的是，因为缺少文字的有效传承，无数人类的聪明才智流逝于时间的长河之中。

除了岩画，人类早期的文明还包含在大大小小的绳结和口耳相传的话语里。但是，这些信息记录，即使侥幸残存，其中的许多内容也很难有效破译。

● 澳大利亚卡卡杜国家公园里的岩画

这不是一条充满设计感的时装项链，事实上，这是书籍的另一种雏形，结绳记事的确在一定程度上反映了客观经济活动，尤其在数量关系上是个不错的记录方式。可是如果绳子上打了很多结，想记的事情也就剪不断理还乱了。

● 结绳记事

因为口头交流是一次性的，现场性的，离开了这个现场，离开这一次就没有了。所以说，人类的文化进展非常慢。

（孙绍振　福建师范大学教授）

在远古时代，因为声音没有收集和留存的手段，不像现在可以录音，所以那样一些人类的理性思考、经验包括感情经历，全部消失了。我们现在要论证夏商周那么困难，为什么？因为没有文字。玛雅文化的解读也那么困难，也因为没有文字，只有实物。

（肖云儒　著名文化学者）

● 远古图
（从原始社会开始，人类便不可避免地产生了对事物的记载。）

●《说文解字》书影

经过漫长岁月的孕育，作为人类文明伟大婴儿的文字，终于迎来了灵光闪现的时刻。如果说系统的口语语言成为人和禽兽分离的重要工具，那么，因为文字，人类才开始进入了有历史记录的文明社会。

事实上，东方古国有一本书叫作《说文解字》，里面便详细记录了这个大事件产生的全过程："黄帝之史仓颉，见鸟兽蹄之迹，知分理之可相别异也，初造书契。"因为有了文字，"造化不能藏其秘，故天雨粟；灵怪不能遁其形，故鬼夜哭"。

每日午后，这家小书店的主人都会端坐在画板前，专心致志地进行着他的美术创作。山中小镇的岁月冷清而寂寥，安静的环境中，只有纸笔摩擦的沙沙声，坚定而执着。

● 陈守智

老人的名字叫陈守智，陕西省白水县人，他笔下的这个长着四眉四目的艺术形象，就是白水县历史上一个最著名的传说人物——仓颉。

在中国的传说中，仓颉是黄帝的史官，因为结绳记事的方式已经越来越无法满足记录的需要，受黄帝之命创造文字。受命之后的仓颉终日苦苦思索，一个偶然的机会，他在河边见到小鸟留在沙滩上的爪印，由此受到启发，仿照鸟的爪印发明了最早的文字。《淮南子·本经训》中记载这一事件为"昔者仓颉作书，而天雨粟、鬼夜哭"。

鸟的足迹对仓颉有了启发，所以仓颉就认为这个前人所画的笔划可以按照这个象形。首先从几何符号向象形文字过渡，然后从象形再抽象出

Tips 《淮南子·本经训》

《淮南子·本经训》出自西汉刘安所著《淮南子》，记录了先秦至西汉数千年民间流行的神话及圣贤传说，并力图从这些传说中寻找治世安民的道理。如"善生乎君子，诱然与日月争光，天下弗能遏夺"，则是儒家思想的反映。文中远古的贤君尧舜治国、仓颉造字、黄帝征战、后羿射日等神话传说，都是《本经训》留给后人的丰厚遗产。

● 甲骨文字碑

表意，就是我们后来所说的形声、转注、假借、会意这些意思，最后把它结合起来形成一种文字。造字，民间人把它归结为仓颉一人，实际上这有一个漫长的过程，仓颉可能总结了以往人造字的过程，最后加以提炼，从而形成了相对来说比较固定的文字。

（王双怀　陕西师范大学历史文化学院教授）

仓颉把文字造出来后，天下着小米，鬼在晚上哭泣。为什么有这种神秘的威力？因为有了文字，文化可以传播了，作物产量增加了。造化不能藏其秘；有了文字就把造化的命运都解读了。神鬼不能遁其形，是指一切肮脏的，一切怪力乱神，对于人类生活起破坏作用的东西，再也逃脱不了。因

● 仓颉造字

1920年在陕西白水仓颉庙被发现的广武将军碑

为文字记载，把它们记在耻辱柱上。而淮南子提出"天雨粟，夜鬼哭"，意味着文字具有非常高的，像图腾，像神一样的神秘性和权威感。

（肖云儒　著名文化学者）

1914年江苏吴江一条幽深的小巷内，一位老妇人正恭谨地捡起路边一本破旧的古书和散落的书页，跟在她身后四岁的小孙子虽然并不明白祖母为什么对这些写了字的纸这样敬重，但还是跟着老人一张一张地捡拾。

这是费孝通进入蒙养院接受正式教育的第一天。为什么写有字的废纸不可随意丢弃践踏、糊窗或与其他废物混杂？为什么祖母要把这些字纸收集后焚烧成灰？为什么每隔一段时间，还要开坛祭祀，然后将字灰送至大江大海？这些，都要从另一个问题说起：书从哪里来？世界上最古老的书又是什么呢？

等到了祖母的年纪，费孝通早已是蜚声国际的大学者，此时的他才真正明白了"敬惜字纸"的文化意义——纸上写了字，就成了一件能为众人带来祸福的东西，不应轻视。在这个古老的大国，文字一直就是至宝，历代帝王将相和平民百姓都对它相当敬重。

传说仓颉去世后埋葬在故乡陕西省白水县史官镇，如今这里还有保存完好的仓颉墓和仓颉庙，这座庙有文字可考的历史已有1800多年。步入遍植古柏的仓颉庙中，一块刻有奇怪文字的石碑格外引人注目，这块碑被称为"仓圣鸟迹书碑"，该碑立于清乾隆十九年也就是公元1754年，碑面所镌

● 仓圣鸟迹书碑

文字是乾隆年间的白水知县梁善长，搜集仓颉所造文字遗存的二十八个字摹制而成。而有学者考证，碑文的内容记述的是黄帝征服炎帝、打败蚩尤并统一华夏的历史。

出于对仓颉的崇拜，周围村镇的居民家中但凡有小孩入学或参加考试之前，父母都会带着子女来到仓颉庙进行一番祭拜。而在当地百姓的日常生活中，更是时常可见敬仰仓颉、崇拜文字的习俗场景。

● 2012 年白水祭拜仓颉活动

孩子们上学的时候大人们喜欢把他们带到仓颉庙，给孩子们讲解汉字的来历，意思是说仓颉给咱们造了汉字，叫大家珍惜、努力学习。

（王孝文　中华仓颉文化研究会会员）

仓颉庙会上的售卖的老虎枕头，专为孩子们准备的礼物。

仓颉庙会

这里的民间，拿书枕头，或者在枕巾上绣字。绣文字是可以辟邪的，特别是对于半大的，正在上学的孩子，常常用书，字纸，这些写了字的纸给他包起来当枕头。

（肖云儒 著名文化学者）

纸上面有字的得拿到字纸楼里焚烧，烧完以后把灰埋在地里，或者撒在洛河里，不能随便去处理这个废纸。寓意要让大家敬惜汉字。

（吴金谋 中华仓颉文化研究会会长）

埋用过的纸叫水葬和土葬，不是随便撂纸篓里，而是要把它攒起来，有些农村妇女认真把它抚平，压到炕席低下，然后攒到一定时候，仪式化地把它处理掉，不是我们这么随便一扔。或者挖个坑拿土把它埋起来，甚至于再讲究一点的还要磕个头再走，或者把它揉碎以后，顺流而下，让水把它漂走，是为让文字，思想，这些记录来之于天地，最后让它再回到天地中去。

（肖云儒 著名文化学者）

正是因为生长在这样一种浓郁的文字崇拜的环境中，从小喜欢美术的陈守智萌发了将仓颉的故事绘成连环画进行传播的想法。此后数年，陈守智积极地忙于积累素材、构思画面等准备工作，直到 2005 年，即将动笔的陈守智却突发脑溢血。

七天七夜不省人事，后来醒了以后，拿笔拿不起，走路走不成。

（陈守智 中华仓颉研究会会员）

这场飞来横祸给陈守智留下了右半身不遂的

 仓颉庙

后遗症，在家人的搀扶下，他从蹒跚学步开始，重新学习各种动作和技能，而其中最急迫的就是重拾画笔。

有时候实在拿不起来笔，右手不行左手来，开始也是不行，后来慢慢就行了。

（陈守智　中华仓颉研究会会员）

从握笔到作画，陈守智花了三年时间。三年之后，他开始生涩地使用左手一笔一画实现着自己的夙愿，如今，陈守智的仓颉画册已经完成了8部共265幅，编文数据达到21560字。

尽管行动不便，但陈守智过一段时间就会让家人扶着自己到仓颉庙转转。显然，这里的一切

仓颉传说

Tips

古籍中称仓颉"龙颜四目，生有睿德"。相传当初仓颉也用结绳记事，绳结虽有大小和形状区别，但年久月深，难于辨识，曾造成黄帝同炎帝一次谈判的失利。为此仓颉深感愧疚，遂辞官出游，遍访智者，寻求记事的好方法。几年之后，他返归故里，独居村西深沟之中，仰观奎星环曲走势，俯瞰龟背纹理、鸟兽爪痕、山川形貌和手掌指纹，从中受到启迪，根据事物形状创造了象形文字，揭开了人类文明的新纪元。

已经成为他精神世界的力量源泉。

因为一个传说人物，几千年来，故乡的千千万万个后来者都感受到一份实实在在的自豪和光荣，这就是根植于人类内心深处的文明的力量。

和仓颉造字的美丽传说相比，两河流域苏美尔人的发明似乎更具有现实意义。这些刻画在泥板上的线条，被称为"楔形文字"，是目前所知世界上最早的文字。

继续时间轴展现发展历程，660万年前、300万年前、142万年前、一万年前：文字出现，人类的发展出现惊人变化。

一万年后，几个意大利人来到波斯，在游览古迹时，他们发现了崖壁上刻着的奇怪图画。两河流域最主要的文化成就——"楔形文字"始为世人所知。数百万年，人类耐心等待着这个伟大的发明。

公元前两千年左右，两河流域的人发现了楔形文字，他们把字写在泥板上，写在沉淀的泥上面，然后把它烧结，烧结以后形成这种楔形文字。著名的汉谟拉比法典就是用这种楔形文字写成的。

（王双怀　陕西师范大学历史文化学院教授）

而在中国，目前已知的最早的成体系的文字形式是这些楔刻在龟甲兽骨上的文字，被称为甲骨文。

所谓甲，就是乌龟背面，不是正背面。因为底

● 楔形文字

Tips

楔形文字

楔形文字：源于底格里斯河和幼发拉底河流域的古老文字，这种文字是由约公元前3200年左右苏美尔人所发明，是世界上最早的文字之一。

在其约3000年的历史中，楔形文字由最初的象形文字系统，字形结构逐渐简化和抽象化，文字数目由青铜时代早期的约1000个，减至青铜时代后期约400个。已被发现的楔形文字多写于泥板上，少数写于石头、金属或蜡板上。书吏使用削尖的芦苇杆或木棒在软泥板上刻写，软泥板经过晒或烤后变得坚硬，不易变形。

部比较平整,颜色也比较浅,又比较坚固,刻的文字就可以保存下来,这是甲。骨呢,主要是指的像牛、马这些大型的哺乳动物的骨骼,那种平面比较宽厚的部分,在上面刻字,例如肩胛骨等等。这就是"就地取材",文书被这样保留了下来,叫作甲骨文。

（冯天瑜 武汉大学历史学院教授）

甲骨文所记录的都是殷商时期的统治者用龟甲兽骨占卜之后的结果,距今已有三千多年的历史,但这种文字一直到 19 世纪的最后一年才被人们所发现,而它的面世还有一段传奇的历史。

1899 年秋的一天,国子监祭酒王懿荣正在家中望着一片龟甲出神,这是家人从药铺抓来为他治疗疟疾的一味药材,名字叫作"龙骨"。出于好奇,王懿荣将其中的一片拿在手中仔细把玩,一番审视之下,王懿荣注意到,在"龙骨"的表面隐隐约

● 甲骨文骨片

● 甲骨文发现地

● 甲骨文骨片展

约地刻着一些不同寻常的字符。出于职业敏感，王懿荣赶紧派人到药店把"龙骨"全部高价买下，经过仔细研究，王懿荣发现，这些"龙骨"并非什么药材，而是几千年前的龟甲和兽骨，上面的符号则是上古时期的象形文字，与《史记》中"闻古五帝三王发动举事必先决蓍龟"的论述有关。

此后，人们追根溯源，在河南安阳的殷商旧都遗址内至今已发现了大约 15 万片甲骨，共有 4500 多个单字，已经识别的约有 2500 个。这些甲骨文所记载的内容极为丰富，涉及商代社会生活的诸多方面，不仅包括政治、军事、文化、社会习俗等内容，而且涉及天文、历法、医药等科学技术。为殷商文明研究提供了丰富的第一手材料。

● 甲骨文

正是源自于北京城著名的金石学家王懿荣的一场病，甲骨文，这种目前所知的中国最早的文字才得以重见天日。史料记载中语焉不详的殷商王朝终于揭开了神秘的面纱，中国的信史时代也因此提升到了公元前一千多年。

● 郑州博物馆内的"商王祭祀"壁画

甲骨文记载的内容有两个，一个是商王的世系，这是对整个王朝的历史发展的一种认识，而且商代是中国历史上非常重要的一个王朝。第二就是其间大量的祭祀信息，那是我们现在看到的原始的宗教信仰，它反映了当时人们的一些价值追求，价值取向。

（刘玉堂　湖北省社会科学院副院长　研究员）

● 祭祀坑

甲骨文的发现，印证了司马迁《史记》里的记载。这样让我们对商代的历史了解得更加全面，更加清晰，为我们揭开了商朝历史谜一样的外衣，商朝历史光华灿烂的一面。

（梁中效　陕西理工学院历史文化学院院长）

从历史文化的重建，从中国上古时体系重建的角度来说，甲骨文的功劳那是怎么说都不过分的。

（朱彦民　著名文化学者）

继王懿荣之后，对甲骨文的研究并未停止。王懿荣的好友，著名的清末作家，《老残游记》的作者刘鹗，从自己收藏的甲骨文残片中精选1058片，编成了中国历史上第一本关于甲骨文研究的书籍《铁云藏龟》，在《老残游记》发表的同一年，1903年出版。甲骨文，从此成为向社会公开的文物资料。此后，一批著名的学者也纷纷倾心于此，这其中尤以郭沫若、董作宾、罗振玉和王国维四学者的成

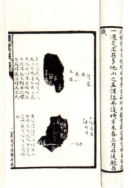

● 铁云藏龟

甲骨四堂

> Tips

甲骨四堂是指中国近代四位著名研究甲骨文的学者：郭沫若(字鼎堂)、董作宾(字彦堂)、罗振玉（号雪堂）和王国维（号观堂）。著名学者陈子展教授在评价早期的甲骨学家的时候写下"甲骨四堂，郭董罗王"的名句，这一概括已为学界所广泛接受。唐兰曾评价他们的殷墟卜辞研究"自雪堂导夫先路，观堂继以考史，彦堂区其时代，鼎堂发其辞例，固已极一时之盛"。

就最高，因为他们四人的字中又都有一个"堂"字，因此也被人们称为"甲骨四堂"。

在发现甲骨文的河南省安阳市，有一座以文字为主角的博物馆——中国文字博物馆，博物馆的大门设计，是一个模仿甲骨文风格的文字的"字"的造型。如果把人类文明比作参天大树，那么，文字就是那颗奇妙的树种和深入大地的树根，有了这个基础，后来的繁花似锦才有了最初的出发点和最基本的可能性。

文字正式的创造，给我们今天认识远古文明，特别是我们记录远古文明，带来了巨大的飞跃。

（梁中效　陕西理工学院历史文化学院院长）

有了文字，才能有书，才能把原有的智慧更有效地传承下去。

（江晓原　上海交通大学教授）

文字是一层一层留下来的，积淀变成可传承，可叠加，可融合的这种交流，给人类的文明奠定了愈来愈丰厚的文明基石。

（肖云儒　著名文化学者）

● 中国文字博物馆

载体的演变

在古代中国，稍晚于甲骨文出现的是这些铸造在青铜器上的文字，它们被称为金文或钟鼎文，因为青铜器是国家的礼器，因此金文也就多以祀典、赐命、诏书、征战、盟约等内容的记录为主。由于使用的局限和记录不便，直到殷商时期，掌握文字的仍然只有上层社会的百余人。

● 钟鼎文

一个甲骨就那么几片几个字，而青铜，就是所谓的金文，青铜铭文。但金文也有问题，一个大鼎能刻一百多字两百多字，两三百字，三四百字了不起，传播也非常有限。

（刘玉堂　湖北省社会科学院副院长、研究员）

这种青翠挺拔的植物广泛生长在中国南方地区，中国是产竹最多的国家之一，全世界约有1000多种竹子，而中国就有500种以上。

竹，在中国也深受人们喜爱，普通百姓喜欢它的方便易得，可以制作众多的生活用品；而文人雅士们则喜欢它的君子之风，"宁可食无肉，不可居无竹"。英国著名汉学家李约瑟曾经评价说"东亚文明乃是竹子文明"，这是因为除了形而上的高洁形

● 竹简

象之外,竹子在以中国为代表的古代东亚文化中是传承文明不可或缺的重要材料,无论是书写用的毛笔还是记录用的竹简都离不开它的主要贡献。

在纸张没有发明之前,竹简是中国历史上使用时间最长的文字载体,也是中国古代真正意义上的书籍的开端。

竹子相对来说,比较容易获得,而且它的平面也比较好,便于保存。

（冯天瑜　武汉大学历史学院教授）

竹木简很普遍,容易制作,而且可以编排起来,用绳子串起来,形成一册一册的书。

（王双怀　陕西师范大学历史文化学院教授）

正是因为取材方便又相对便于书写,竹简在民间得以普及,它是传播媒介史上的一次重要革命,因为它第一次把文字从社会最上层的小圈子里解放出来,以浩大的声势,推动了文化的普及。也正是因为它的出现,中国历史上才出现了绝无仅有的百家争鸣盛况,春秋战国时期诸子百家的思想才得以激荡流传,中华文明也才得以辉煌奠基。

而且竹简是用毛笔和墨来书写的,还配有一种刮刀,写错了可以把它刮掉,就像现在的橡皮擦一样,可以修正。原来青铜器上如果一个字铸错了那还很麻烦,你想修正都来不及。

（刘玉堂　湖北省社会科学院副院长　研究员）

除了竹简,古人还用薄木片进行书写,称为木牍。一般百字以内的文章写在木牍上,而超过百字的文章要写在简册上,这两种方式合称"简牍"。

秦代竹简

竹子挺拔、俊秀,经冬不凋,自古以来就受到人们的喜爱。中国历代文人雅士对竹子更是怀有一种特殊的感情,赞其"未出土时便有节,及凌云处尚虚心"的高尚情操。以竹为乐,爱竹成癖,以竹咏志,借竹抒怀,成为诗词、歌赋、绘画、音乐、园林等的重要题材。

秦代还没有纸张,主要用的是竹简,文吏需要经常用随身携带的小刀刮竹皮或削去竹简上写错的字,所以很多秦代的知识分子有随身带刀的习惯。

● 木牍

● 竹书《老子》简册局部

相对于笨重的青铜器来说，简牍已经是一种极大的进步，但古代使用竹简的方法是在每块竹片上写字一行，每行40字左右。将一篇文章的所有竹片编联起来，就形成了"简册"。这是我国古代最早的书籍形式。

简牍虽然比甲骨更易得，比钟鼎更轻便，可是当它汇集成书的时候，它的体积和重量仍然不便携带。据史书记载，秦始皇嬴政每天批阅的公文奏章总重量竟然能达到120斤，汉武帝每天批阅的书册需要两个大力士抬上宫殿。

因为它的体量太大，太重，所以有学富五车一说。那时如果一个人，有五车竹简，那就是大学问家了。其实五车竹简放现在可能就是一本30万字的书。

（肖云儒 著名文化学者）

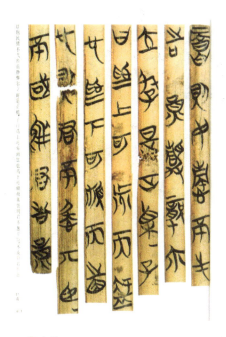

● 木牍

贝叶

竹简

蔡伦造纸

除了甲骨、钟鼎和竹简，中国的古人还曾使用过价格昂贵的帛书、锦书作为文字的载体。在遥远的两河地区，苏美尔人曾经用泥板、黏土记录了两河文明的成果；在古希腊、罗马，则是通过纸莎草、羊皮书来书写历史；而在古代印度，人们常常采用多罗树的树叶作为书写文字的载体，这种多罗树的树叶也就是我们常说的贝叶。

公元前3000年，埃及神殿里用纸莎草书写的横幅、卷起的经卷，被认为是最初的"书"。

这些文字的载体都存在着各自的缺陷，或难以获取，或难以保存，或制造繁琐……一直到公元105年，东汉时期的蔡伦改进了造纸术，蔡侯纸风行天下，人们才找到了迄今为止最完美的书籍形态和文字载体。

他利用破鱼布、网头、布料等等，造出一种新的纸。这种纸无论是在性能，还是在它的使用效果上，都远远超过此前考古发现的西汉时期的纸，所以人们说尽管蔡伦不是纸的发明者，但是他是纸变革史上最伟大的推动者。

（刘玉堂　湖北省社会科学院副院长、研究员）

它既便捷又相当廉价，这就使得这种书写的材料能够普及开来，以至于整个文化的传播，受教育的人，能够看书的人，数量都非以往能够比拟。所以这是一个非常伟大的发明。

（冯天瑜　武汉大学历史学院教授）

造纸术发明之后，纸变成为一种非常轻便

的书写工具，文字传承也好，文化的传播也好，因为这种新的纸质的出现，而出现了革命性的发展。

（朱彦民　南开大学历史学院教授）

剥树皮、捣碎、泡烂、再加入沤松的麻缕，制成稀浆，用竹篾薄薄捞出一层晾干，揭下，这是世界上最早的纸生产的流程。在河水静谧的流动中，领先西方两千年的造纸术悄然改变着这个世界。

蔡伦发明的造纸技术，无意间打开了中华文明走向世界的一个新渠道。与石碑、羊皮、竹简乃至绸缎相比，这种吸水性好又便于携带的书写材料成本低廉、易于普及。至此，书籍终于从少数人享有的奢侈品走下神坛，成为推动世界进步的最强的一股力量。通过纸，中华文明传到了阿拉伯、传到了欧洲，点燃了文艺复兴之火。

在《影响人类历史进程的100名人排行榜》一书中，蔡伦被排在了第7位。作者迈克·哈特在书中这样评价道："如果没有蔡伦，我们很难想象今天的世界将会是什么状况。"

纵观文明历程，有研究者发现，把蔡伦排得远远高于许多其他发明家的一个原因，是因为大多数发明是其时代的产物，这个人不发明，另外的人也会在这个阶段发明出来。但是，纸却不同，欧洲人在蔡伦以后一千年才开始造纸，而且其中的原因还是当时他们从阿拉伯人那里学会了造纸技术，其他一些亚洲国家甚至在看到中国造的纸以后，还是很难理解怎样才能造出纸来。显然，造纸技

● 蔡伦纸文化博物馆陈列的纸

● 西汉灞桥纸

● 蔡伦

● 蔡侯纸

术的演化，是需要有天赋的个人做出的杰出贡献。

正当欧洲千方百计捆绑人们手脚，大搞禁欲主义、经院哲学和神学传统教条的时候，在地球另一面的中国，蔡伦改进的植物纤维纸却在大行其道，上层社会对文化的垄断在广泛的传播冲击下自然解体，让更多的人有机会读书识字，不但让文明的发展有了质的飞跃，也使得中华文明第一次远远超过了西方和中东地区，走到了世界文明的最前列。

● 蔡伦墓

3 印刷术的演变

公元 7 世纪初期，大唐盛世拉开了炫丽的帷幕，此时的中国工匠已经发明了世界上最早的木刻印刷术，并且使用雕刻木版来印刷书籍。到大唐最辉煌的顶点，公元 10 世纪，中国出现了册页形式的书籍，并且逐步代替卷轴，成为至今世界各国书籍的共同形式。

● 天一阁

在中国民间众多的藏书楼中，位于浙江湖州南浔古镇的嘉业堂称不上历史最久，也称不上藏书最精，但它却在中国藏书界闻名遐迩。究其原因是因为这座藏书楼里收藏有三万多块木制刻板，直到今天，人们仍然还在用这些刻板印刷书籍。

● 嘉业堂藏书楼牌匾

这种印刷方式叫作雕版印刷，它借鉴了中国古代的印章和石碑拓片的技术，在隋唐时期因为佛教的兴旺和科举的确立而逐渐完善。在印刷术兴起之前，书要通过人工抄写的方式进行传播，随着佛教徒和科举士子人数的增多，书的需求量越来越大，人工抄写的低效率已经无法满足社会的需要，应运而生的印刷技术，让书籍的出版实现了一次量的飞跃。

嘉业堂雕版

过去中国古代文本完全靠手工抄写，所以在古代有一种职业就叫经生。我们在敦煌文献里面可以发现很多文字都是经生写的。那么一个人一天能够写多少字呢？经生写的是楷书，一天，我想如果写五千个字就了不得了。而一部书如果是一部大部头的经典，靠一个经生往往是长年累月也写不完的。

（朱彦民　南开大学历史学院教授）

 保存完整的古雕版

在唐代以前的典籍主要是靠人手抄，手抄中会出现很多问题，例如抄的过程中可能会抄错，而且速度很慢，所以这个不利于文化传承。

（王双怀　陕西师范大学历史文化学院教授）

雕版印刷之后，虽然刻工同样也很困难，但是相比一本一本靠手工去抄写，还是方便很多，就像它有了原始的复印机的性质，雕版一出来就可以复制，一个雕版甚至可以反复用很多年。

（朱彦民　南开大学历史学院教授）

 活字印刷

雕版印刷，国际上基本上公认中国是最早的。雕版印刷使得一个东西大规模地印制成为可能。这对普及的作用是非常大的，也是一个革命性的飞跃。

（江晓原　上海交通大学教授）

战国时著名的名学家惠施因为有简书五车，就已经被人艳羡不已，1162年之后，唐代最著名的藏书家已经拥有私藏三万余卷，韩愈还专门为此盛事赋诗道："邺侯家多书，插架三万轴，一一悬牙签，新若手未触。"

思想的传播变得更为迅速，人们在拨开迷雾追求知识、智慧、自由和幸福的过程中找到了最有力的工具——书籍，能够迅速复制、并且大量传播的书籍。

弗朗西斯·培根曾经这样评价印刷术对于世界的贡献："我们应当注意各种发明的力量、效果和影响，这就古人所未知的印刷、火药和罗盘三项而言，是再也显著不过。因为这三者改变了世界的面貌和状况。"而汉学家李约瑟则将印刷术等发明同欧洲的巨变联系起来："如果没有火药、印刷术和指南针，欧洲封建主义的消失就是一件难以想象的事。"

中国的四大发明，火药和指南针，属于物质文明建设层面的，它是局部的，火药可以用于建设，也可以用于战争，指南针可以用于交通，也可以用于战争。然而纸张和印刷术，却全方位地改造了中国文化。

（肖云儒　著名文化学者）

● 木版雕版印刷

● 香港2005年发行的中国古代四大发明的邮票

Tips　四大发明

四大发明是关于中国科学技术史的一种观点，是指中国古代对世界具有很大影响的四种发明，一般是指造纸术、指南针、火药及雕版印刷术。此一说法最早由英国汉学家李约瑟提出并为后来许多中国的历史学家所继承，普遍认为这四种发明对中国古代的政治、经济、文化的发展产生了巨大的推动作用，且这些发明经由各种途径传至西方，对世界文明发展史也产生了很大的影响。

● 泥活字

Tips

毕昇

也作毕升，约 970 年—1051 年，中国古代发明家，活字版印刷术发明者。初为印刷铺工人，专事手工印刷。毕昇发明了胶泥活字印刷术，被认为是世界上最早的活字印刷技术。宋朝的沈括所著的《梦溪笔谈》记载了毕昇的活字印刷术。

毕升 活字印刷

有纸以后，纸可以抄写，也可以印刷，可以开始海量传播。人类的经验、智慧、文明、生产力的发展，科学技术海量的传播，文化的普及。这使人类文明的进程速度大大地提高。

（孙绍振　福建师范大学教授）

这些刻有汉字的泥块儿叫作泥活字，将它们在一块浇有松香、蜡和纸灰的带框铁板内按照需要的顺序排列整齐，就成了一块可以印刷的板型。这种印刷方式的发明者是北宋的毕昇，这种印刷方式叫作活字印刷。沈括的《梦溪笔谈》中对它进行了详细的记载。

遗憾的是，除了《梦溪笔谈》中的记载，毕昇发明的活字印刷术在古代中国仅是昙花一现，没有真正普及开来。一直到晚清，中国的印刷技术大部分还是沿用着雕版印刷的方式。

中国几万个汉字，必须识字你才能排，这样就对排字员工的要求变得非常高。

（江晓原　上海交通大学教授）

中国的汉字那么多，不像字模，就算生产字模的要生产好多，有的字用得多，有的字用得少。而本身刻字的过程也很费事，还要排字，最后还要拆掉。这些功夫如果都算在里面，计算成本的话，还不如雕版。

（葛剑雄　复旦大学教授）

数量庞大的汉字所带来的诸多困难让毕昇的发明没能在中国普及，但活字印刷术却由中国传入日本、朝鲜、越南、菲律宾等地，并沿着丝绸之路，经波斯和阿拉伯传入埃及和欧洲各国。在毕昇的发明问世四百年之后，德国人古登堡发明了铅活字印刷，并制成了一种简单的印刷机械，开创了近代机械印刷的先河。

古登堡的活字为什么能够一发明就大行其道？因为这两种文字，它所面临的命运不一样。以英语为例，你要用一套活字，它一共才 26 个字母，你再加上一些其他的符号什么的，怎么着也不可能到一百种对不对？

（江晓原　上海交通大学教授）

● 古登堡印刷机

即使以今天的评判眼光来看，这页印刷品也堪称精美，而它却是古登堡于 1452 年到 1455 年之间利用金属活字印刷术印制而成。这批由古登堡印制而成的《圣经》是世界最早的印本，因每页两栏，每栏均为 42 行，所以也被称为《四十二行圣经》。

五百多年前，古登堡印制这批《圣经》完全出于商业目的，这一举动是否为他带来丰厚的回报也是众说纷纭，不得而知。但是，古登堡万万没有想到，正是他的这一举动却在无意之间助推了书籍传承文明的历史步伐。

● 古登堡雕像

古登堡的这个发明，为欧洲的阅读革命，准备了一个非常重要的物质基础和技术前提。在新教徒里边最先开始，读书变成了一种生活需要。读什么？读《圣经》。古登堡的印刷术为你准备了《圣经》。

（李工真　武汉大学历史学院教授）

● 古登堡《圣经》

圣经

《圣经》可以指犹太教和基督教（包括天主教、东正教和新教）的宗教经典。犹太教的宗教经典是指圣经《旧约》部分，而基督宗教的《圣经》则指《旧约》和《新约》两部分。

不同的基督教派别所承认的《圣经》旧约部分略有不同，天主教版本承认46卷，东正教版本承认50卷，基督新教版本承认39卷。《圣经》新约的书卷数比较一致，天主教、东正教、新教都承认27卷。

《圣经》是西方文化的重要源泉，也是一部包罗万象的百科全书。它是世界上发行量最大，发行时间最长，翻译成的语言最多，流行最广而读者面最大，影响最深远的一部书，并已被列入吉尼斯世界纪录大全，联合国公认《圣经》是对人类影响最大最深的一本书。

● 现代印刷

希腊的古代哲学家，罗马的哲学家，都把希腊、罗马的哲学融进了《圣经》里。

（邓晓芒　华中科技大学哲学教授）

《圣经》不仅是一种宗教的典籍，更重要的是反映了西方的历史、地理、文化，通过这部书你可以了解西方社会的方方面面，尤其是西方人的价值观以及情感态度。

（王双怀　陕西师范大学历史文化学院教授）

欧洲最早扫除了文盲，而德国走得最快。所以十八世纪，席勒说是一个墨迹铺垫的社会，是一个读书成瘾的社会。

（李工真　武汉大学历史学院教授）

它对美术的影响也是一样，你看西方早期的绘画，那些画家谁不画《圣经》题材？画来画去，那几个题材都是每个画家都必画的。

（江晓原　上海交通大学教授）

古登堡的铅活字印刷彻底改变了书籍的历史，在印刷量提高的同时，促进了书籍价格的降低。欧洲在50年中使用这种新方法就印刷了三万种印刷物，共1200多万份印刷品。他发明的印刷机在西方应用了三百年之后，才被更高技术水平的机器所代替。

文字、造纸术和印刷术，当人类文明的三个伟大成果在同一时空不期而遇，现代意义上的书籍便横空出世。它既是文明累积和相互作用的产物，同时又肩负着传承文明的巨大使命。从此，读书变成人类生活的重要组成部分。文明，如涓涓细

● 国家图书馆

脉汇成了一泻千里的奔腾江河。

　　从46亿年前地球的诞生,到人类可追溯的300万年历程里,地球经历了沧海桑田。如果将人类的300万年进化历程压缩成24小时,那么书籍伴随人类的时间还不足3分钟,就是这短短的三分钟,却是日新月异,在目不暇接之中"换了人间"。

● 书籍

● 电脑

● 三分钟

Super Access
超级访问

孙绍振 （福建师范大学文学院教授）
陈才俊 （暨南大学中国史籍文化研究所教授）
黄 健 （浙江大学中文系教授）
杨朝明 （中国孔子研究院院长）
葛剑雄 （复旦大学教授）
江晓原 （上海交通大学教授）
冯天瑜 （武汉大学历史学院教授）

新技术？畅销品？

1.您认为，人类阅读史上，最重要的图书是什么？它们推动文明的进程，比新技术更有力量吗？

孙绍振： 人类科学技术的发展有一个伟大的进步，那就是纸的发明。蔡伦造纸使得人类的文化可以广泛地传播，这是人类文明最大的进步，这是一项非常伟大的贡献。

有了蔡伦造纸以后，人类文明可以海量地传播，这不是一般的刻在乌龟壳上、刻在骨头上的。有了这个纸以后，纸可以抄写，后来可以印刷了，文化就可以海量传播。人类的经验、智慧、文明、生产力的发展，科学技术海量的传播，文化的普及，使得人类文明进程的速度大大地提高了。为什么中国在唐朝，文明程度发展得那么高呢？其他的原因我们今天不谈，跟造纸术的发明，跟印刷术的推广是有很大关系的。

陈才俊： 明末清初的时候，由于西方大航海时代的到来，欧洲人发现了中国，然后大批的传教士跟着航海家、商人来到远东，来到中国。起初，传教士来到中国最主要的目的，是把西方的基督宗教的教理教义传到中国来。但是他们在客观上起到了对西方文化和中方文化的交流的一个非常重要的桥梁和媒介作用。

第一位就是 1275 年来到中国的，意大利的著名商人、旅行家马可·波罗。第二位是 1585 年来到中国的意大利的天主教耶稣会士利玛窦。第三位就是 1807 年来到中国的英国伦敦传教会的基督新教传教士马礼逊。

利玛窦在研究中国经典的过程中，还把中国的"四书"翻译成拉丁文，这个版本应该是中国的经典在欧洲的第一次的传播。

他去世之后，他的日记在欧洲出版，就是我们今天中文版的《利玛窦中国杂记》，《利玛窦中国杂记》是第一本让欧洲人全面认识和了解中国的经典著作。他的这本书的出现，正式开启了欧洲汉学。

马礼逊在中西文化的传播的问题上，起到了一个开创性的作用。马礼逊在中国曾经创造过很多第一，首先他是第一个将《圣经》完整翻译成中文版本的西方人。马礼逊曾经花很长的时间编撰了一本《英华字典》。这个字典内容量非常大，他是以《康熙字典》为版本，将《康熙字典》的词条，逐一翻译成英文。这个是世界上第一本以汉语为语言的双语词典，这本双语词典出版之后，也开启了"西汉词典"的这么一个历程。后来陆续有《拉丁语汉语词典》《意大利语汉语词典》《法语汉语词典》的出现。

马礼逊 1815 年在马六甲创办了第一份中文报纸，报纸的名字叫《察世俗每月统记传》，这个是近代的第一份中文报纸。同时马礼逊还在马六甲创办了第一所传教士办的学校。学校名称叫英华书院，这个英华书院里面，既培养西方人学习中文，也培养中国人学习英语，因此成为一个汉学的摇篮。1824 年，马礼逊返回英国休假，休假的时候，曾经带回一万多册由他通过各种渠道购买和搜集到的汉文著作。这一万多册图书，后来全部捐赠给伦敦大学图书馆。这些书籍为英国汉学的发展，起到了基础性的作用。

黄　健：《荷马史诗》用史诗，也就是说用诗歌的方式，记录了整个欧洲民族的成长历史，包括它的精神历史。也就是说，西方文化的许多的源头，都在这个史诗，当然也包括神话里面。就是它们文化的很多基因，或者说很多密码，都在这个神话和史诗里面。

从东方的伦理讲，我们常常判断一个人，是好人就是一个好人，坏人就是一个坏人。当然你在《荷马史诗》里面看到，阿喀琉斯这个人呢，可以这样说，他既是一个好人，但是他也是一个坏人，还是一个非常十恶不赦的坏人。可是他又是一个非常善良的人。那么从这个角度来讲，《荷马史诗》比较真实地，或者说比较客观地，或者比较辩证地记录了人的内心世界，审视了人性的这种矛盾。如果我们硬要说人性有善和有恶的话，那么史诗回答：人既是善的，也是恶的，善恶各占一半。

以工业文明为代表的现代文明，它的那种机器的力量，那种强大的物质的力量，给我们国家传统的农耕文明，在这种小家碧玉式的，在这种田园牧歌式的，在这种温情脉脉的相对封闭的这样一个时代，必然会带来一种毁灭性的打击。所以严复翻译《天演论》，他就是要给国人传播这样一种思想，你再这样沾沾自喜，你再这样夜郎自大，在这里做你的一帘幽梦的话，这个时代就没有了。你要看到这个世界，在不断的进化当中。这个进化不以每一个人的意志为转移。

鲁迅看到《天演论》之后，很诧异，他说没有想到，世界上还有一个叫赫胥黎的人，写了《天演论》，描绘了整个人类，而不是一个民族，整个人类的这种变化规律，他感到非常的震撼。

鲁迅曾说过，孔孟的书，我读得最早，可是它跟我不相干。鲁迅的思想更多的是在他南京求学的时候，从严复翻译的作品中，尤其是《天演论》中，接受了进化论的思想。他看到这个世界长江后浪推前浪，不以人的意志为转移，不是说你想不让它推，就不让它推，它是不以你的意志为转移的。也就是说，历史在不断的进化当中，如果我们不看到这种进化的规律的话，我们迟早会被历史所淘汰。所以鲁迅就在南京求学以后，东渡日本，考取了官派留学生。

正是因为有了这种观念的变革，才有了第二代先进的中国人，包括胡适也好，陈独秀也好，鲁迅也好，他们最终在新文化当中，直接从西方搬来两个武器，这就是民主与科学。

杨朝明：《论语》可以算是人类阅读史上最重要的图书，《论语》是孔子及其门人的言行集，是儒家思想的经典之作，全面反映了孔子的人文思想、政治观念和社会理想。

孔子的思想，他的普世的意义，就像世界著名的哲学家、神学家孔汉思在起草《走向全球伦理宣言》提到的那样，他说全球伦理两个最基本的规则，其实就是中国传统文化中最基本的两点，第一个就是仁道，就是孔子的仁，第二个就是在人文规则历史中孔子所设立的第一个黄金法则，那就是"己所不欲，勿施于人"。其实孔子的思想，他的仁道实际上是对于礼智散发的。

因此可以说，孔子所倡导的仁道，或者是"己所不欲，勿施于人"，这些思想其实对于处理好人如何与社会，人如何与人打交道的问题有很大的帮助。也就是说只有处理好人的自然性和社会性那种平衡，这样社会才能真正地达到一个和谐的状态。

《论语》的思想属于孔子，也属于孔门弟子，同时也属于《论语》的编者。如果孔子没有他的弟子，没有这本书留下来，我们甚至无法想象，世界将是一个什么样子。

《论语》最早是从朝鲜半岛流传到日本再到东南亚的，在十七世纪的时候传到了欧洲。1687年，在法国出现了最早的《论语》的译本，实际上中国的儒家思想传到欧洲，西方传教士功不可没，他们在有意无意中把儒家思想传到了西方。但是儒家思想传到西方以后在西方产生了很大的影响，这种影响延绵至今，当然现在影响更大。

2.还有一种情况，就是图书和新技术息息相关，这些书本来就是科普性的。主要在哪个时代涌现更多？

葛剑雄： 明末清初，中国出现了不少与新技术息息相关的一些科普类图书，这跟西方传教士的大量涌入有密切的关系。

明末清初，很多西方的传教士来到了中国，因为他们是很虔诚的教徒，千方百计地想要在中国传教成功。但是刚开始的时候并不顺利，他们碰壁以后，就觉得需要深入了解中国的社会，才能找到弘扬宗教的最好的办法，最有效的途径。

比方说利玛窦，他把世界地图传到了中国，他把西方的地理知识传到中国来。一直到现在我们用的很多西方地理学词汇的翻译，还是利玛窦翻译的。此外，他还跟徐光启翻译了《几何原本》，他还向中国人传播天文的知识等。像利玛窦这些传教士，他们往往在皇家的天文测验中以及修订历法中显示出了优越性。当然他们的目的并不纯粹是为了传播科学，只是客观上起了这样的作用。这足以吸引中国人，甚至皇帝也不得不任用这些传教士。

江晓原：跟新技术密切相关的科普性图书，在十七世纪的欧洲涌现出了很多。要是从自然科学的角度，也就是说从科学史的角度来说，选出影响力较大的图书，我觉得应该是牛顿的《自然哲学之数学原理》。因为几乎整个现代文明的工业化的基础，都是从这本书上开始的。万有引力这个理论给出了所有今天的现代化、机械化等所有东西的基础。

《自然哲学之数学原理》的著作出版是在十七世纪，这个时候近代革命、科学革命正在发生，实际上就是近代科学奠基的时刻。这部著作奠定了这个基础，所以这部著作的影响力是非常大的。

万有引力理论的提出，不仅对天文这个抽象的物体有革命性的作用，对整个人类的发展史也影响深远，像日常的工业文明、机械等，这些都是植根在这个理论上的。

冯天瑜：清代中后期，由于其特殊的时代背景，涌现了很多科普性图书。

徐继畬是晚清名臣、学者，当时他已经能够接触到西学的一些内容，对他产生了较大的震撼力。后来他写了一本书，叫作《瀛寰志略》，这本书是跟魏源的《海国图志》齐名的，这两本书内容也有相近的地方。

因为徐继畬当过福建巡抚，经常跟英国人打交道，包括作战的过程当中，他也会去了解一些实际情况。包括英军的俘虏，他也亲自审问，他审问不光是了解军事双方作战的情况，他也了解英国，或者是欧洲当时的政治、经济、文化、历史、地理的情况，慢慢地积累了一些相关的知识，后来在19世纪50年代完成了《瀛寰志略》。这一本书对于晚清一些人士"睁开眼睛看世界"打开了一个窗口。

　　《瀛寰志略》是介绍世界各国的，包括政治、经济、文化的这样一部书。当然它的重点是介绍欧美，介绍西方。其中包括介绍了像美国的开国元勋华盛顿，以及华盛顿建立一个民主共和国的国家，这样的理论和实践。而且《瀛寰志略》是把这些内容作为一个正面的报道。

　　曾国藩、左宗棠，他们对近代文明有一定的认识，要搞洋务运动，其中很重要的一点，就是从魏源的《海国图志》、徐继畬的《瀛寰志略》这些书当中得到的启示。

Book Remarks

书里**有话**

风雨藏书楼

藏书文化在我国历史悠远,可以追溯到两千多年前。《史记》记载,老子乃"周守藏室之史也",就是说老子是东周王室的史官,这个藏室,便是周王室收藏图书文献的地方。我国古代最早的官府藏书,便由此溯源。

到了唐代,雕版印刷开始出现,书籍广泛普及,私家藏书楼开始大放异彩,并逐渐替代官府藏书楼,成为古代藏书体系的主流。究其原因,私人藏书楼虽无法做到现代图书馆一样完全对外开放,但是也打破了官府藏书只能为皇室和官员服务的"特权"封印,使普通人家也可以相互借阅传抄。这可以说是文化平民化的一大进步,不但极大地推动了文化传播,也使藏书楼展现出了社会功能。

无数的史料记载了中华大地上众多的私家藏书楼,宁波天一阁、常熟汲古阁、瑞安玉海楼……这一座座古老沧桑的藏书楼,在岁月的侵袭、朝代的更迭中艰难留存,串起了中国悠久灿烂的文明史,也谱写出一幕幕感人肺腑的家族传承和守护史。这其中最为有名的,当属有着四百多年历史、中国现存最古老的私家藏书楼——浙江宁波天一阁。

天一阁的创建人叫范钦,他依据《易经》"天一生水、地六成之"的理论,取"以水克火"之意来给这个藏书楼命名,希望借水防火,以免去历来藏书者最大的隐患——火灾。

范钦,字尧卿,是明代嘉靖年间人,曾在全国各地做官,官至兵部右侍郎。这样的当官历程显然为他的藏书提供了充裕财力和搜罗空间。要知道,我国古代并没有统一的文化市场,史书卷册等文化资料常常散落民间。要想将民间的书籍搜集起来,官职便成了一个重要的凭证和必要条件。正是凭借着这样的优越条件,再加上孜孜不倦的努力,范钦终于在1566年建成了天一阁,其内存书达到七万多卷。

天一阁的历史生动展现出私家藏书楼穿越时代的艰难步伐,和藏书楼主人为保存藏书楼而不得不隔断其文化传播功能的无奈心路历程。我们知道,中国历代出了很多藏书家,但其藏书能保存百年以上的并不多见,大多数藏书家遇到的真正麻烦是在身后,很多藏书楼只延续几代便烟消云散。天一阁至今仍屹立不倒,与范钦的深谋远虑不无关系。

为了防止天一阁重蹈其他藏书楼的覆辙,范钦在生前就对藏书楼制定了一系列严苛的管理制度,而后来的继承者们又在其基础上进行了完善和加强。

天一阁藏书有着十分严格的制度规定,如:“代不分书,书不出阁”;规定不论家族繁衍到何种程度,阁门的钥匙和书橱的钥匙由各房分别掌管,开阁门必须得到各房的一致同意;外姓人不得入阁;不得私自领亲友入阁;不得无故入阁;不得借书与外房他姓;女性不能入阁……违反者将受到严厉的处罚,处罚的内容是当时视为最大屈辱的不予参加祭祖大典。在古代,参加祭祖大典是一件极重要的事情,不予参加祭祖大典,那就意味着在家族血统关系上给亮出了“黄牌”,这是比杖责鞭笞更严重的处罚。

在今天看来,天一阁的有些制度未免显得太过冷漠、严峻,甚至不近人情。如不准登楼,不准看书,这样一来,藏书楼存在的意义何在呢?然而从范氏家族的立场来看,不准登楼,不准看书,其实也是一种无奈,因为只有这样才能更好地保护藏书。也正是因为有了这些严格的规定,天一阁才能延续至今。

凡事都有两面性。天一阁藏书制度中“外姓人不得入阁”一条,使得其藏书一直不为外人所知。直到1673年,明末清初著名的思想家黄宗羲慕名而来想要登楼看书。这一次,出乎意料,范氏家族的各房竟然一致地同意他登楼看书,甚至允许他翻阅楼上的全部藏书。黄宗羲有幸成为外姓人登上天一阁的第一人。他细细翻阅了全部藏书,并将其中流通未广者编为书目,另撰《天一阁藏书记》留世。

自此,天一阁开始进入相对开放的时代,一些真正的大学者会被允许进阁参观阅览。虽然，这开放的范围是如此之小，但它至少体现了藏书楼存在的意义——取之于民用之于民。一直以来，藏书楼都面临着一个两难的境地：要么将全部藏书束之高阁而保存下来，要么使其发挥社会价值而散佚殆尽。天一阁在这两者之间做了一点平衡，选择有限地开放，这实在是没有办法的办法。

乾隆主持编纂《四库全书》时曾谕旨各省藏书家积极献书，天一阁进呈珍贵古籍六百余种，其中有九十六种被收录入《四库全书》。乾隆为此多次褒扬奖赐，并授意仿照天一阁的格局兴造了著名的"南北七阁"，用来收藏所撰修的七套《四库全书》，天一阁从此名扬天下。

虽然范氏家族为了保护藏书而订立了严格的族规遗教，但终因年代过于久远，藏书还是有很多的失散。到了近代，由于吏治腐败、盗窃、自然灾害、战争等影响，到1940年，阁内的藏书仅存1591部，共13038卷。

作为我国古代一个特殊的存在，藏书楼对文化的传播功不可没。中国数以千万计的古代典籍，绝大多数是经由无数藏书家悉心呵护，辗转珍藏，才得以留存今世。然而，无论是官府藏书楼还是私家藏书楼，都未能完全实现文化的平民化，文化始终是少数人才能够享有的特权。直到清末民初，西学东渐，现代意义的图书馆相继建立，取代并极大扩展了藏书楼的社会功能。至此，文化才真正实现了平民化。

精神底色

　　在人类文明史上，有三个巨人，同样没有留下自己的亲笔著作，而承载他们思想观念的书籍又分别产生了巨大的影响力，这就是记录孔子思想的《论语》、记录苏格拉底思想行为的《对话录》和描述耶稣言行的《福音书》。可以说，那些及时记录他们思想言行的学生和门徒与这些巨人具有同等伟大的文明贡献，没有他们以书籍的形态及时传承，伟大的思想和人格就可能昙花一现，文明的火种就可能再一次熄灭于历史的漫漫长夜之中。

西方的思想家、科学家，大多喜欢老庄哲学，崇尚道法自然。事实上早在16世纪，这本道家经典已经被翻译成了拉丁文、法文、德文、英文、日文等多种版本。根据联合国教科文组织统计，到目前为止可查到的各种外文版的《道德经》典籍已有一千多种，是除了《圣经》以外被译成外国文字发行量最多的文化名著。

● ● ● ● ● ● ●

自 17 世纪开始，欧洲的科学界一直认为人种的不同导致了文化的差异。这种观点源于瑞典自然科学家卡尔·冯·林奈的生物学著作《自然的系统》。该书根据皮肤颜色、头发形状、性格优缺点，甚至社会生活习惯将人类分为欧洲亚种、美洲亚种、非洲亚种和亚洲亚种 4 种人种。但就是这样的观点被极端的种族主义者加以利用，导致了二战中纳粹对犹太人的屠杀和至今仍存在于西方社会的一个毒瘤——种族歧视。人种的不同真是导致东西方文化差异的主要缘由吗？

● 林奈画像

21 世纪，基因学家终于破译了人类最大的秘密，并且第一次绘制出人类的"生命之书"——人类基因组图谱，隐藏在身体里的 DNA 会告诉我们怎样匪夷所思的历史信息？

2001 年，由中、美、英、法、德、日六国科学家共同参与的国际人类基因组公布了人类基因组序列图谱及初步分析结果。这个被誉为"登月计划"的生命科学研究项目发现，在人类 8 万个基因中，决定肤色和外表的基因是极少量的。而地球人 99.99% 的基因密码是相同的。甚至来自不

● DNA 双螺旋结构

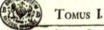

ONCHOLOGIST   Vol. 35, No. 4

CAROLI LINNÆI
EQUITIS DE STELLA POLARI,
ARCHIATRI REGII, MED. & BOTAN. PROFESS. UPSAL.;
ACAD. UPSAL. HOLMENS. PETROPOL. BEROL. IMPER.
LOND. MONSPEL. TOLOS. FLORENT. SOC.

SYSTEMA
NATURÆ
PER
REGNA TRIA NATURÆ,
SECUNDUM
CLASSES, ORDINES,
GENERA, SPECIES,
CUM
CHARACTERIBUS, DIFFERENTIIS,
SYNONYMIS, LOCIS.

TOMUS I.

EDITIO DECIMA, REFORMATA.
Cum Privilegio Sₐ Rₑ Mₜᵢₛ Sueciæ.

HOLMIÆ,
IMPENSIS DIRECT. LAURENTII SALVII,
1758.

● 自然的系统

同人种的人可以比来自同一人种的人在基因上更为相似。

由此,科学家们发现,我们目前所说的"种族"其实只是个文化概念,而非生物学概念。那么,东方与西方巨大的文化差异究竟源自何处呢?

1774年,德国哲学家赫尔德在《另一种历史哲学》一书中给出了另一种答案,"每一种文明都有自己独特的精神——它的民族精神。这种精神创造一切,理解一切。"

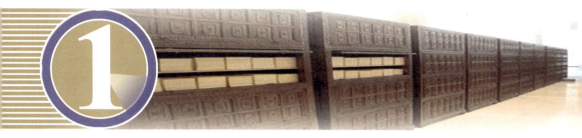

1

东方的原典

自汉高祖刘邦开始，共有196位中国皇帝亲自前往或委派代表到山东曲阜祭拜孔子，清乾隆皇帝更是先后八次祭拜，甚至行三跪九叩大礼。海内外华人千百年来修建过的孔庙更是成千上万。

世界著名的哲学家，神学家孔汉思，在起草《走

● 孔子墓

"万世师表"：全中国的孔庙匾额都是按照这块匾额来制作的

向全球伦理宣言》中说道：全球伦理两个最基本的伦理规则，也就是中国传统文化中最基本的两点，第一个就是仁道，就是孔子的仁；第二个就是在人文规则历史中孔子说设立的第一个黄金法则，那就是：己所不欲，勿施于人。

（杨朝明　中国孔子研究院院长）

孔子和苏格拉底一样，生前也有许多的追随者，他招收过许多学生，但孔子与苏格拉底的教育方式却大不相同。

你把《论语》打开看看，会发现孔子从来不提问，是别人跟他提问，他来回答，他一回答就是经典。

（邓晓芒　华中科技大学哲学教授）

孔子庙

这些孔子对学生们的回答由孔子弟子及再传弟子们记录编纂而成《论语》，全书二十篇，四百九十二章。比较忠实地记述了孔子及其弟子的言行，也比较集中地反映了孔子的思想，是集孔子思想之大成的著作。

《论语》的价值，在于把儒学最根本的东西，比较集中生动地体现了出来。

（陈　洪　南开大学文学院教授）

《论语》作为孔子及门人的言行集，内容十分广泛，多半涉及人类社会生活的方方面面，对中华民族的价值定位及行为模式起到过重大影响。千百年来，一直是中国人的启蒙必读之书。

儒家的思想，在政治方面，孔子提倡施行"仁政德治"；在修身方面，提倡传统的伦理道德。他是重视国家、重视家庭、重视集体的。

（孔祥林　孔子第七十五世嫡孙）

颜子和另外两个同学把老师的话编辑记录下来，最后成为我们现在看到的《论语》。是不是可以这样说，没有颜子和那两位同学，这部大著作就看不见了。中国的文明要失去一半吧。

（钱文辉　常熟文史专家）

《论语》这本书就像梁启超先生和胡适之先生所讲，非常平实。它是世世代代读书的人做官的人，乃至下层老百姓，一个基本做人、做事依托的道德和底线，以及境界。

（郭齐勇　武汉大学国学院院长
中国哲学史学会副会长）

● 《论语》中华书局

 儒家思想

儒家思想：儒家文化的核心就是"仁"。儒学在东周时期就已经开始影响着当时的社会环境，直至先秦经过孔、孟、荀等的大力发展，形成了先秦原始儒学。西汉时期，董仲舒"罢黜百家独尊儒术"，得到汉武帝的大力支持。至此，儒家思想成为统治阶级的正统思想。此后，宋明程朱理学、清末现代儒学，都有着极其深远的影响。直至今日，儒家思想已经影响了我们 2500 多年，成为中华民族传统人格的深刻烙印。

● 孔子讲学图

● 孔子诞生二千五百四十周年邮票

《论语》为中国的农耕文化世界，塑造了道德价值体系。而这个道德价值体系，正是整个社会由无序到有序的时候遵循的原则。人与人之间的原则，人与社会的原则，人对上的原则，人亲情之间的原则，在很大的程度上，是由孔子开创的。

（梁中效　陕西理工学院历史文化学院院长）

及至汉武帝，大儒董仲舒提出"罢黜百家，表彰六经"，把包括孔子思想在内的儒家学说提高到了前所未有的高度。

董仲舒以后，形成了一个官方的、推崇的、引导的主要的文化，那就是儒家文化。

（郭齐勇　武汉大学国学院院长
中国哲学史学会副会长）

● 汉未央宫遗址

　　此后一千多年的漫长历史中，中国的统治者多把儒家思想作为治国方略，《论语》作为儒家思想的经典书籍，甚至一再被隆重地镌刻到厚重庄严的石碑之上。而贯穿《论语》的"仁、义、礼、智、信"，也一直是中国人的人生信条和行为准则。

● 汉未央宫遗址

　　一般的人，通过阅读《论语》，都能够找到自己应该遵循的或者自己应该体验的一种人生的原则。做人的原则，可能是《论语》的一个开创。

　　　　（梁中效　陕西理工学院历史文化学院院长）

　　我们中华文明，最大公约数是什么？就是儒文化，就是孔子。

　　　　　　　　　　　（肖云儒　著名文化学者）

● 西安碑林博物馆

孔子

公元前 551 年 9 月 28 日至公元前 479 年 4 月 11 日，名丘，字仲尼。

中国东周春秋末期著名的思想家、教育家、政治家。开创了私人讲学的风气，是儒家学派的创始人。

孔子曾问道老子，带领部分弟子周游列国十四年，晚年修订了六经（即《诗》《书》《礼》《乐》《易》《春秋》）。相传他有弟子三千，贤弟子七十二人。孔子去世后，其弟子及其再传弟子把孔子及其弟子的言行语录和思想记录下来，整理编成了儒家经典《论语》。

2000 年 12 月 13 日，《人民日报》刊登了一篇我国著名数学家陈省身在美国结识爱因斯坦，并且有幸到这位"怪老头"家里做客的一段往事。文中陈省身教授特别提到，与人们预料中的"汗牛充栋"截然相反，爱因斯坦书架上的书并不多，但有一本却引起了陈省身的注意，这就是老子的《道德经》德文译本。

西方的思想家、科学家，大多喜欢老庄哲学，崇尚道法自然。事实上早在 16 世纪，这本道家经典已经被翻译成了拉丁文、法文、德文、英文、日文等多种版本。根据联合国教科文组织统计，到目前为止可查到的各种外文版的《道德经》典籍已有一千多种，是除了《圣经》以外被译成外国文字发行量最多的文化名著。

西方不管是哲学家、科学家、艺术家，甚至是政治家，很多人对这本书的评价都非常好。我给

● 老子

你举个极端的例子，黑格尔原本瞧不起咱们中国哲学，但是读了《道德经》之后，知道发生什么情况吗？他让人把老子的思想写成条幅，挂在自己的书房里，以表示对中国哲学的敬重。

（韩鹏杰 西安交通大学人文学院哲学系教授）

在人类文明史上，有三个巨人，同样没有留下自己的亲笔著作，而承载他们思想观念的书籍又分别产生了巨大的影响力，这就是记录孔子思想的《论语》、记录苏格拉底思想行为的《对话录》和描述耶稣言行的《福音书》。可以说，那些及时记录他们思想言行的学生和门徒，与这些巨人具有同等伟大的文明贡献，没有他们以书籍的形态及时传承，伟大的思想和人格就可能昙花一现，文明的火种就可能再一次熄灭于历史的漫漫长夜之中。

传说在公元前 516 年，曾做过周朝图书管理

● 道德经——小楷（赵孟頫）

老子

名耳，字聃。约生活于前 571 年至 471 年之间。是我国古代伟大的哲学家和思想家、道家学派创始人，被唐朝帝王追认为李姓始祖。存世有《道德经》（又称《老子》），其作品的精华是朴素的辩证法，主张无为而治，其学说对中国哲学发展具有深刻影响。在道教中，老子被尊为道教始祖。

● 老子骑牛

● 老子故里三清殿

● 《道德经》一则

员的老子辞官归隐，经过函谷关时，关令尹喜见紫气东来，心知眼前的老者绝不简单，便对老人说："今汝将隐居而不仁，令求教者必难寻矣，何不将汝之圣智著为书？"就这样，老子洋洋洒洒留下了五千字的《道德经》，从此骑牛远去，不知所踪。

老子的《道德经》尽管只有五千字，但是他揭示了人与人，人与社会，人与自然这几个重大关系的准则和理论体系。其中就包括治国安邦的大智慧。不是小智慧，不是巧实力，是大智慧！

（常修泽　清华大学中国经济研究中心研究员）

虽然通篇只有五千字，但《道德经》涵盖了哲学、伦理学、政治学、军事学等诸多学科，其内容博大精深、包容万象，被誉为"万经之王"。《道德

● 基于典故"孔子问礼"创作的作品

经》是道家哲学的经典，同时也催生了中国最早的本土宗教——道教。贯穿全篇的因循自然、以柔克刚的思想深远地影响着中国人的世界观和人生观。

以老子《道德经》为代表的道家思想，的确没有以《论语》为代表的儒家思想那么风光，他没有成为显学，甚至道家的信徒也没有墨家多。但是随着时间的推移，道家那种巨大的生命力，那种价值观，尤其是道家对宇宙社会人事的那种独特的感悟，影响着越来越多的中国人甚至西方人。

（刘玉堂　湖北省社会科学院副院长、研究员）

Tips　孔子问礼

　　孔子回到鲁国，众弟子问道："先生拜访老子，可得见乎？"孔子道："见之！"弟子问："老子何样？"孔子道："鸟，我知它能飞；鱼，吾知它能游；兽，我知它能走。走者可用网缚之，游者可用钩钓之，飞者可用箭取之，至于龙，吾不知其何以？龙乘风云而上九天也！吾所见老子也，其犹龙乎？学识渊深而莫测，志趣高邈而难知；如蛇之随时屈伸，如龙之应时变化。老聃，真吾师也！"

中国人有一部《道德经》，使中国人在面对所有烦恼的时候，找到了一个解除烦恼的钥匙。

（梁中效　陕西理工学院历史文化学院院长）

孔子则是"述而不著"，最有名的《论语》也是由弟子编纂而成，以现代的眼光看来，既不丰富也不系统，但是意蕴深远，总能引发读者更悠远的思考和联想。

以《论语》为代表的儒家思想和以《道德经》为代表的道家思想是中国古代哲学的两个源头，二者刚柔并济，共同描绘着世世代代中国读书人的精神世界，于进退之间步履从容，成败之下面色坦然。

《论语》给你提供了一个人生进击的舞台，而《道德经》给你提供了一个人生退守的后园，就是精神的后园。人不能没有一个进击的舞台，每个人特别在他的青春阶段，如果只有进击，而不营构一个精神后园的话，那是非常危险的，峣峣者易折，人弄不好就彻底败下去了。

（肖云儒　著名文化学者）

儒家是做加法，道家要适当地给你减一减，你对功名利禄的追求太厉害了，可能会遇到一些生命的不平和坎坷，怎么调节呢？这个时候老庄的作用就来了，它们是互补的。

（郭齐勇　武汉大学国学院院长，中国哲学史学会副会长）

孔子是仁，讲人要善，就是要修炼自己，然后达到内圣外王的境界，这是人心的动力系统，以及精神的动力系统。老子是道，不是善，他是真，他认为人要活得真实，要活得惬意，要放松，这是人精神的消解系统和救赎系统。

（肖云儒　著名文化学者）

古希腊的光辉

公元前336年，20岁的亚历山大登上了马其顿王国的王位。这个雄心勃勃想要征服世界的年轻人，从此开始了他辉煌而传奇的生命征程。前334年，亚历山大率大军渡海东征，拉开征服世界的序幕。他率领军队纵横驰骋，灭亡了波斯，占领了叙利亚、埃及和巴比伦，一直到印度河流域才停住了脚步。此时，他已建立了一个面积达500万平方公里，横跨欧亚非的超级帝国。

这位战功卓著的国王之所以如此富于侵略性和战斗精神，源于他对一位古希腊神话中的英雄的崇拜，甚至亚历山大的母亲也声称自己是这位英雄的后代，这位英雄叫作阿喀琉斯，是《荷马史诗》中记载的一位勇士。

阿喀琉斯，这位"希腊第一勇士"性格极其复杂，他有着强烈的荣誉感和忘我的冒险精神，同时又残酷霸道、极度自我。

从东方的伦理讲，我们常常判断一个人，是好人就是好人，是坏人就是坏人。而你在《荷马史诗》里面会看到，阿喀琉斯，他既是一个好人，他也是

亚历山大大帝

公元前356年7月20日至前323年6月10日，古马其顿帝国国王，亚历山大帝国皇帝，世界历史上著名的军事家和政治家。是欧洲历史上最伟大的四大军事统帅之首（亚历山大大帝，汉尼拔，恺撒大帝，拿破仑）。20岁甫一继位，就发动隆隆战车，以其雄才大略，先后统一希腊全境，进而横扫中亚，荡平波斯帝国，大军开到印度河流域，不费一兵一卒而占领埃及全境。世界四大文明古国占据其三。

● 阿喀琉斯为首的希腊军进攻以帕里斯及赫克托尔

阿喀琉斯

荷马史诗《伊利亚特》中参加特洛伊战争的一个半神英雄，希腊联军第一勇士。海洋女神和英雄珀琉斯之子。因出生后被母亲浸在冥河水中，除因为怕其淹死而抓住未沾到冥河水的脚踵外，全身刀枪不入。在特洛伊战争中杀死特洛伊第一勇士赫克托尔，使希腊军转败为胜。后被暗箭射中脚踵而死。

一个坏人，还是一个十恶不赦的坏人。可是，他又是一个非常善良的人。

（黄　健　浙江大学中文系教授）

哲学家黑格尔曾大声疾呼："关于阿喀琉斯，我们可以说，这是一个人！高贵的人格的多方面性在这个人身上显出了它的全部丰富性。"阿喀琉斯这个勇敢、追求荣誉、富有多元性格的人物形象也逐渐成为希腊文明以及后来西方文明的一个精神楷模。

《荷马史诗》分为《伊利亚特》和《奥德赛》两部，相传是由古希腊盲人诗人荷马所著。描写了特洛伊战争中，阿喀琉斯与阿伽门农间的争端，以及特

● 《荷马史诗》的创作背景

洛伊沦陷后,奥德修斯返回绮色佳岛上的王国,与妻子珀涅罗团聚的故事。《荷马史诗》以整个希腊及其四周的汪洋大海为主要情节的背景,充分展现了自由主义的情景,并为日后希腊人的道德观念进而为整个西方社会的道德观念立下了典范。继此而来的,首先是一种追求成就、自我实现的人文伦理观,其次,是一种人神同性的自由神学。

● 伊利亚特:《荷马史诗》构成部分

这是西方文化的源头,它有一个很重要的特点就是神跟神的世界以及神跟人的世界,这两个世界,有纠缠,有交叉,互相干扰。虽然神的世界高高在上,但神是有意志,有情感,有思想,而且有法的。这是很明显的中西分岔。因为中国人的神的概念是规定人间道德的,但不讲法。而西方的

● 依托希腊神话故事创作的油画

《荷马史诗》

神,他是没有道德的,他讲力,但是又讲法,讲公平,讲正义。宙斯当时就是法律之神。

（邓晓芒 华中科技大学哲学教授）

西方在很大的程度上的文化起源地,在爱琴海半岛,地中海这样一个区域。因为人类在和自然进行交流,进行对话时,自然的贫乏在很大的程度上,带来了文化创造的困惑,于是早期的欧洲的贤明,就把目光投向了湛蓝色的地中海。

（梁中效 陕西理工学院文化与旅游学院院长）

宗白华先生有一段描述我觉得特别好,他说地中海日光晴朗,一切都透在清晰的几何似的这样的一种框架之中,所以他这种数学的理性,科学的底色非常明显。

（韩鹏杰 西安交通大学人文学院哲学教授）

《荷马史诗》是西方文化史上的巅峰之作,甚至被称誉为"希腊的圣经",它的光辉一直照耀着后世,在它的影响下成长起来的西方思想家和艺术家难以计数,苏格拉底就是其中一位。

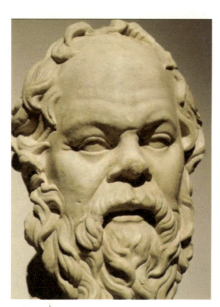

苏格拉底雕像

作为希腊城邦的公民,苏格拉底深受《荷马史诗》的影响,为了追求荣誉和责任,苏格拉底曾三次参军作战,在战争中表现得顽强勇敢。30多岁的时候苏格拉底做了一名不取报酬也不设馆的社会道德教师。因为生活清苦,他只能穿着破旧的衣服生活。然而他不以为意。他认为知识的力量胜于一切。雅典的街上常常会出现这一幕奇特的场景,一个衣衫褴褛的人站在雅典的大街小巷和不同身份的人辩论着哲学的命题,而他的身边围着许多有钱人家和穷人家的子弟,跟他学习,向他请教。

● 苏格拉底讲述逻辑、法与神的历史

　　有一个诡辩家叫安提丰问苏格拉底说，我们一般理解哲学家应该是最幸福的，而你却整天粗茶淡饭破衣烂衫，金钱是最好的东西，每个人得到都会感到很幸福，而你却分文不取。你过的生活是一个奴隶都不愿意和他的主人在一起过下去的生活，你为什么要选择做这样一个哲学家呢？苏格拉底回答：你好像认为幸福就在于物质，在于财富的积累，在于华丽衣服，奢侈的食物，但是我却认为真正的幸福在于心灵的无所欲求，人的欲求越少越接近神仙的生活，我的追求的恰恰是这方面的满足。

　　　　　　　　（李国山　南开大学哲学院教授）

● 苏格拉底素描

　　苏格拉底通常以一个无知者的身份向对方提出问题，他要求他的对手给出关于这些问题的一个概括性说明和总体性定义。当他得到这类定义或说法时，会进一步发出更多的问题，继续发问，以显示这个定义可能有的弱点。然后通过比喻、

苏格拉底

公元前469—公元前399年，古希腊著名的思想家、哲学家、教育家、公民陪审员，他和他的学生柏拉图，以及柏拉图的学生亚里士多德被并称为"古希腊三贤"，更被后人广泛认为是西方哲学的奠基者。身为雅典的公民，据记载苏格拉底最后被雅典法庭以侮辱雅典神和腐蚀雅典青年思想之罪名判处死刑。尽管他曾获得逃亡的机会，但苏格拉底仍选择饮下毒堇汁而死，因为他认为逃亡只会进一步破坏雅典法律的权威，同时也是因为担心他逃亡后雅典将再没有好的导师可以教育人们了。

启发等手段，用发问与回答的形式，使问题的讨论从具体事例出发，逐步深入，层层驳倒错误意见，最后走向某种比较深刻的知识。这种发问的方式被称为"精神助产术"，对后世的西方教育方式和行为模式上有着巨大的影响。

他很低调，总是像一个无知的小孩一样提问。他有一句名言：我自知其无智。我是没有任何智慧的，所以我要问。

（邓晓芒　华中科技大学哲学教授）

他真正的可贵之处不在于他得出什么结论，而在于他不断地追问，这样促使探讨无穷无尽地进行了下去。所以苏格拉底总在不停息地追求智慧。而他的人生在不断的追求当中，并没有最终的结论。

（李国山　南开大学哲学院教授）

他说，每个人心里都有太阳，你要通过你的问题让它升起来，什么是老师，老师就是助产士，让你心灵里的那个生命诞生出来，就是助产而不是灌输，这样就对后世有很大的影响，

（肖云儒　著名文化学者）

● 泰勒斯——西方哲学之父

在苏格拉底之前，西方存在着多个哲学学派，他们的哲学研究主要停留在世界的本原问题。然而，苏格拉底的出现，成为哲学发展的分水岭。苏格拉底把哲学从对自然本身的研究转变到注重对社会伦理和人的研究。从苏格拉底开始，自我和自然明显地区别开来，人不再仅仅是自然的一部分，而是和自然不同的另一种独特的实体。

比这些先知们时代稍晚的古罗马哲学家在谈到苏格拉底时说："他把哲学从天上召唤下来，把

它安置在城市中，引进家家户户，使它成为探究生活和道德、善与恶的必需品。"

在苏格拉底之前，西方哲学都讲自然哲学，论自然，讲万物的本源。从苏格拉底以后，哲学开始关注人自身，认识自己，面向人的伦理道德。西方文化从《荷马史诗》开始，是不讲道德，只讲公平，或者认为公平就是道德的。从苏格拉底之后，开始讲道德。所以苏格拉底被认为是西方道德哲学的始祖。

（邓晓芒　华中科技大学哲学教授）

正是受《荷马史诗》和苏格拉底哲学的影响，认识人类自我，追求永恒真理成了西方文明发展一以贯之的精神特色。

在苏格拉底的众多追随者中有一位名叫亚里斯多克勒斯的青年，因为他身体魁梧强壮，所以人们又把他称作"柏拉图"，这在希腊语里是"宽阔"的意思。柏拉图出身于雅典一个贵族家庭，起初打算继承家族传统继续从政，一次与苏格拉底的谈话使他改变了初衷。跟随苏格拉底，做了一名学者。柏拉图的研究不只在于哲学，而是从国家政体到艺术诗歌，他都有所涉猎并取得广泛的成就。现代哲学家卡尔·波普曾这样评价柏拉图的作品："柏拉图著作的影响无论好坏都是无法估量的。人们可以说，西方的思想是柏拉图的，或者是反柏拉图的；但是任何时候都不能说是非柏拉图的。"

柏拉图是一个理想主义者，或者叫唯心主义者，崇尚理念，他所设定的理念世界和具体的现象世界是完全的两个世界，理念世界高高在上，由不同的抽象的理念所构成。

（李国山　南开大学哲学院教授）

泰勒斯

泰勒斯，古希腊时期的思想家、科学家、哲学家，希腊最早的哲学学派——米利都学派（也称爱奥尼亚学派）的创始人。希腊七贤之一，西方思想史上第一个有记载有名字留下来的思想家，被称为"科学和哲学之祖"。泰勒斯是古希腊及西方第一个自然科学家和哲学家。

● 柏拉图

柏拉图的思想，是西方哲学思想的基本模型。苏格拉底确定了人的道德模式，而柏拉图把这种道德模式扩展为国家的模式，乃至于整个宇宙的模式，而以后的哲学家，不管它的内容如何变，模式已经定在那里了。

（邓晓芒　华中科技大学哲学教授）

继柏拉图之后，他的学生亚里士多德接过了希腊的文明火种。亚里士多德是一个百科全书式的人物，他关于物理学的思想深刻地塑造了中世纪的学术思想，其影响力延伸到了文艺复兴时期；他关于形式逻辑理论的研究在 19 世纪被合并到了现代形式逻辑理论里；在形而上学方面，亚里士多德的哲学和神学思想在伊斯兰教和犹太教的传统上产生了深远影响。而亚里士多德流传后世的一句名言"吾爱吾师，吾更爱真理"，则为西方思辨和创新提供了根本的原则和无穷的动力。

亚里士多德逻辑，到现在仍然是很多普通逻辑教科书的基本内容。它包括概念判断推理这些部分，而这些思想都是表达在两千多年前亚里士多德一部著作《工具论》当中。《工具论》是由六个不同的篇章所组成，它是最早的不光是西方，可以说是整个人类史上最早的一部逻辑学著作。在西方批判精神之外，这种严密的抽象的逻辑思维，就奠基在亚里士多德思想体系当中。

（李国山　南开大学哲学院教授）

苏格拉底、柏拉图和亚里士多德，一脉相承的师徒三人被人们称为"希腊三贤"，他们三人在古希腊文学、艺术、哲学领域做出的非凡贡献，成为西方文明的重要基础，也是人类文明成果的核心组成部分。

● 古希腊三贤

　　古希腊经历了自然哲学和智者派转向之后，迎来了它的最高发展阶段，就是以苏格拉底、柏拉图、亚里士多德为代表的整个希腊思想的最高成就，而这三个人物是薪火相传的师承关系。

（李国山　南开大学哲学院教授）

　　他们影响了西方文化几千年的发展，以至于后来有哲学家说，整个西方哲学史，就是对柏拉图的注解。或者说，讲西方哲学史不是柏拉图就是亚里士多德，就是这两个人，讲述他们哲学的基本模式。

（邓晓芒　华中科技大学哲学教授）

　　苏格拉底，他的弟子柏拉图，以及柏拉图的弟子亚里士多德，被认为是希腊三贤。这三个人应当说奠定了后来西方思想文明的基石，他们的思想影响了整个欧洲。

（王双怀　陕西师范大学历史文化学院教授）

● 亚里士多德

　　"他非常安详，手也不抖，脸色也不变，高高兴兴、平平静静地喝下毒药，然后一丝不苟地按照掌管毒药人的要求安安静静地走，安安静静地躺下……"

　　1787年，法国画家雅克·达维特根据柏拉图在《对话录斐多》中的记录，创作了这幅名画——《苏格拉底之死》。

　　公元前399年，希腊当局以侮辱雅典神和腐蚀青年思想的罪名判处苏格拉底死刑，他的朋友和学生曾经设法帮他越狱。明知是一场不公正的判决，苏格拉底却选择了接受判决，拒绝逃亡。

 亚里士多德

　　古代先哲，堪称希腊哲学的集大成者。他是柏拉图的学生，亚历山大的老师。作为一位百科全书式的科学家，他几乎对每个学科都做出了贡献。亚里士多德的著作构建了西方哲学的第一个广泛系统，包含道德、美学、逻辑和科学、政治和玄学。

● 苏格拉底之死

他说："如果我逃离雅典等于是践踏了雅典的政府和法律，如果人人都践踏法律，造成法律的裁决失去权威，雅典就不能苟存。"最终，苏格拉底用自己的生命参与奠定了西方法治文明的源头。

苏格拉底生前没有著述，如果不是他的学生柏拉图等人留下了记录苏格拉底谈话内容的《对话录》等著作，后来人就无从知晓这位文明先驱的所作所为和伟大思想。

● 古希腊三贤作品

3

轴心时代

在 1949 年出版的《历史的起源与目标》一书中，德国哲学家雅斯贝尔斯提出了"轴心时代"的命题。他认为，在公元前 800 至公元前 200 年之间，尤其是公元前 600 至前 300 年间，是人类文明的"轴心时代"。"轴心时代"发生的地区大概是在北纬 30 度上下，就是北纬 25 度至 35 度区间。这段时期是人类文明精神的重大突破时期。在轴心时代里，各个文明都出现了伟大的精神导师——古希腊有苏格拉底、柏拉图、亚里士多德，以色列有犹太教的先知们，古印度有释迦牟尼，中国有孔子、老子……他们提出的思想原则塑造了不同的文化板块，描绘了不同的精神底色。

雅斯贝尔斯曾在《历史的起源与目标》中慨叹：虽然在公元 1500 年至 1800 年期间，欧洲出现了可以与两千五百年前的轴心期平分秋色的、类似于第二次轴心时代的优异精神成就，但它"完全是欧洲的现象，仅为此它就无权要求第二轴心的称号"。新的轴心期一定会建立统一的世界范围的实体，一定会超出我们的想象，没有人知道它会带来什么……

Tips
墨子

约公元前 468 年—约公元前 376 年，墨家学派的创始人，也是战国时期著名的思想家、军事家。

墨家在先秦时期影响很大，与儒家并称"显学"。他提出了"兼爱""非攻""尚贤""尚同""天志""明鬼""非命""非乐""节葬""节用"等观点。以兼爱为核心，以节用、尚贤为支点。

Tips
阴阳家

流行于战国末期到汉初的一种学派，齐人邹衍是其代表人物。阴阳学是古代汉族重要的哲学思想。《史记》称其："深观阴阳消息，而作迂怪之变。"《吕氏春秋》则直接受到邹衍学说的影响。大体而言，邹衍的阴阳家思想表现在将自古以来的数术思想与阴阳五行学说相结合，并试图进一步的发展，用来建构宇宙图式，解说自然现象的成因及其变化法则。古代汉族的天文学、气象学、化学、算学、音乐和医学，都是在阴阳五行学说的协助下发展起来的。

轴心时代的东方文化透露出无比的博大和包容，使得中华文化以其独特的风范屹立于世界东方，成为人类文明"轴心时代"之一极，百家争鸣恰好发生在中国历史上一个战乱频仍、兵荒马乱的时代，孔子谓其"礼崩乐坏"。但正是这个时代，却是中国思想史上最为自由、最为开放和最不可思议的一个时代。除了后来成为国家意识形态并影响到寻常百姓的儒家以外，当时蔚为大观的还有道家、墨家、法家、纵横家、名家、阴阳家、杂家、农家，这八大家在当时都是与儒家学说旗鼓相当、影响相近的学派，并且和儒家一道，成为中华文明的多元源头。

他们虽然在不同的地域，有高山的阻隔，路途遥远，但是他们却是不约而同地在大致相同的时间段里面出现了。

（李国山 南开大学哲学院教授）

他们所发表的见解，他们的影响，基本上框定了人类此后各种精神坐标的理性和实践体系。

（肖云儒 著名文化学者）

这些思想家们在人类的第一个思想的高峰期，就已经奠定了不同的思考问题的类型。

（李国山 南开大学哲学院教授）

这个轴心时代形成之后，就变成了我们人类的精神原形，他潜藏在（法文把这个叫命运，就是基因，文化基因）我们人类的心灵的深处，这个叫非获得性遗产。

（肖云儒 著名文化学者）

正是诞生于轴心时代的思想奠定了东西方不同的文化基础，自此之后，世界的两端，东西方两种文化沿着自己的轨迹逐渐发展，而它们的每一步脚印都沉淀在一种叫作书籍的载体里，让之后的人们从书籍的字里行间就可以便捷地沐浴到前人的思想光辉，也在潜移默化中传承着先辈的文明基因和精神个性。

● 哈佛大学图书馆一角

文化是一个民族的灵魂，文化是一个民族不言自威的标志，文化是一个国家奋发向上的动力，文化还是一个国家能够立足于世界民族之林最宝贵的一个精神财富，特别是传统文化。假如一个民族背弃了自己的传统，就像一个人失去记忆那样，不知道自己从何而来，向何而去。

（梁中效　陕西理工学院历史文化学院院长）

我不认为全球化会使大家的个性都消失，都会变成同一个人。现在很多国家已经纳入到全球化当中了，包括欧盟，但他们每一个国家还是有自身的特色的。德国人跟法国人就是不一样，跟英国人也不一样。我觉得全球化的前提就是多元化，如果没有多元化，全球化是化不起来的，你还搞大一统，搞全球帝国，那更是不可能。全球化的前提，像康德讲的"永久和平"那样，前提就是每个国家，每个地区人们都有权按照自己的特色，自己的风格和习惯来发展自己。没有任何其他的束缚了，这就是全球化。

（邓晓芒　华中科技大学哲学教授）

这幅太极图出自中国古代著作《周易》，这部被誉为"群经之首、大道之源"的书是儒家和道家

《周易》

《周易》即《易经》，中国古代哲学，五经之首。相传系周人所作，内容包括《经》和《传》两个部分。《经》主要是六十四卦和三百八十四爻，卦和爻各有说明（卦辞、爻辞），作为占卜之用。《传》包含解释卦辞和爻辞的七种文辞共十篇，统称《十翼》，相传为孔子所撰；但一般认为它是战国或秦汉时期的儒家作品，并非出自一时一人之手。

《易经》是中国传统思想文化中自然哲学与人文实践的理论根源，被誉为"大道之源"，是古代帝王之学，政治家、军事家、商家的必修之术。

● 周易

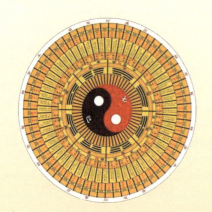

● 太极八卦图

的共同经典，是中国传统思想文化中自然哲学与伦理实践的活水源头，对中国文化产生了根本性的影响。

在这个并不复杂的图案中，黑与白看似泾渭分明却又合为一体。如果我们把同样是圆形的地球视为太极，那么，身处地球两端的东方与西方不就正如太极图中的阴鱼和阳鱼一般，既色泽鲜明，又相依共生？

Super Access
超级访问

邓晓芒（华中科技大学人文学院哲学系教授）

李国山（南开大学哲学院教授）

王先明（南开大学历史学院教授）

常修泽（清华大学中国经济研究中心研究员）

梁中效（陕西理工学院历史文化学院院长）

肖云儒（著名文化学者）

拯救生命，还是回归灵魂？

1.您认为，读书在中西方，有什么不同的传统吗？

邓晓芒： 中国是道德，西方是正义。中国是伦常，西方是法。所以最早至高无上的东西，一个是信仰伦理道德，一个是信仰公正。中国的道德是道德情感，情感跟天理相通，天理就是人情。西方的道德也是建立在法制上的，西方的道德叫道德律，道德法则。

《论语》中，孔子从来不提问，都是别人提问他来回答，他一回答就是经典的。

孔子是一个高高在上的教师，苏格拉底也是教师。我专门写过一篇文章，关于苏格拉底和孔子的言说方式。苏格拉底的言说很怪很低调，他的提问总是像一个无知的小孩子一样。他的一句名言是：我自知我是没有任何智慧的，所以我要问。

我们现在最需要的不是让学生遵守某种现成的规范，或者理解那些现成的教训，而是要开发学生的创造力，苏格拉底的提问方式很有用，它能促使我们去思考，去想象，从中寻找答案，促进大脑成熟。

西方人眼里，中国和东方文化比较强调自然而然的情感，所谓天理人情，天理其实就是人情，把人情上升到天理。

儒道佛可以三家合流，就是因为我们对于佛教文化的理解，还是站在我们中国传统文化儒道的立场上面来消化它，而并没有真正地把印度文化的那种意志的东西吸收过来。

徐光启的《几何原本》在中国长期以来不受重视，觉得这些东西都是一些屠龙之术。一直到1840年以后，中国人才意识到这个东西的厉害，西方的科技，就从这里来的。《几何原本》里的这些原理，中国人都不知道。《几何原本》里面确定了很多基本概念，比如三角形、平行线、对角等，中国以前都没有这些概念，所以读起来也很难，因为是新概念，你要了解这些东西，就得沉下心来，否则是深入不下去的。

李国山： 从人出发，以人去衡量外在的一切，人是万物的尺度，是存在的事物存在的尺度，也是不存在的事物不存在的尺度，这是西方人文主义的第一个命题。古希腊经历了自然哲学和智者派转向之后，迎来了其最高发展阶段，就是以苏格拉底、柏拉图、亚里士多德为代表的整个希腊思想的最高成就，这三个人物是薪火相传的师生关系，苏格拉底是柏拉图的老师，柏拉图是亚里士多德的老师，这样传下来，师生关系有点类似中国的孔子、孟子包括以后的荀子。

苏格拉底出身于一个平民家庭，所以没有接受太多正式的教育，但是他凭借自己的钻研好学积累了广博的知识。

他对知识的探讨方式是，一开始就一些比较细小的问题入手，然后慢慢地引导就进入到了一些大的问题，这些大的问题就是后来我们总结出来的哲学问题。

我觉得这跟咱们中国古代的《论语》所反映出来的探讨方式不大一样，因为我们看《论语》经常是学生问，老师答，老师给一个确定的答案，记住就行了。但是苏格拉底的探讨方式都是苏格拉底问，学生来答，他要不断地去进行追问，然后迫使谈话者给出他的答案。

所以苏格拉底探讨的方式我们后来叫作灵魂助产术，他母亲是一个助产婆，为人的肉体接生，而苏格拉底认为他得奉上苍之命为人的灵魂接生，他通过不断的追问，让人们形成一种思想一种观念，通过引导让他把它说出来，形成自己的观点。

他跟柏拉图有几十篇对话，这些对话多数都以苏格拉底为主角，探讨一个基本的概念、定义，而且每次探讨都没有得出一个确定的结论，假如这个问题没有解决那下次再接着探讨，体现的是永不停息的探究精神。

苏格拉底认为真正的智慧是神的财产，人是没法最终拥有真正的智慧的，我们人类只能够凭借神所赋予的理性能力不断去探索，人生的智慧只存在于追求过程当中，不可能最后得到结论。智慧就像一盏明灯指引着我们去探索，永不停息，这也是整个西方学术的精神基调。

中国的传统思维方式在很长时间之内也是非常有效的，也创造了人类非常伟大的文明，在中国封建社会历代王朝期间起了很大的作用。后来西方文明为什么可以发展到今天这样的高度，最终还是得益于近代以来西方的理性探索的精神，在摆脱中世纪神学束缚后获得了一种爆发，理性能力大大提升，使得人们认识自然、改造自然的能力大大提升。但是理性精神在近代的觉醒其根源在古希腊、在苏格拉底。

王先明：为什么西方那么强盛，为什么西方船坚炮利，它不是技术的问题，是背后有数理化、天文算术来做支撑的，西方是在学的层面上超过了中国，我们要学的话不应该学技，应该学学，所以说才由"师夷长技以制夷"，转向了学西学，这是一个最重大的突破转变，而在这个突破转变中《瀛寰志略》起到了一个关键性的作用。所以《瀛寰志略》在同时代应该是高的，而且指向了未来中国近代发展进程，在思想上来说应该作为一个指示器。

2.是否可以认为，东方文化更多社会的、情感的因素，而西方文化更多科学、理性精神呢？

常修泽：也不尽然。老子的《道德经》尽管只有五千字，但是它揭示了人与人、人与社会、人与自然这几个重大关系的准则和理论体系。怎么能成为一个王，怎么能治理好这个国家呢？老子认为只需要做到三个字即可——"公乃王"。你公平公正公道你就会治理好这个国家，那怎么"公"呢？还有三个字，叫作"容乃公"。胸怀宽广，容量巨大，海纳百川，那你就容易做到公平公正。反过来说你小肚鸡肠，心胸狭窄那怎么公平呢？那你怎么能够做到容？他说"知常容"，"常"是什么？常指的是常规，或者叫客观规律，掌握这客观规律，你这个人就胸怀宽广。

胸怀宽广、容量巨大以后，你就公平公正公道，你公平公正公道，就能够成为一个优秀的、英明的领导者，就能够做到"王"。

道法自然，实现人类和自然界的和谐，这就是东方文明的最高的境界。

美国人2012年出了一本书叫作《国家衰落之谜》，一个国家之所以兴旺或者是衰落，它的根在哪里？最后作者总结了两句话，也是两点重要结论。凡是执行包容性制度的国家和地区，经济都发达，人们生活都改善；反过来说，凡是实行排斥性体制的国家和地区，要么经济长期低迷，要么大起大落，人们生活得不到持续的改善。

所以，在这一点上，东西方是殊途同归的。

3.您是否认同文化轴心期的概念呢？真的是后世无可超越的吗？

梁中效：从整个人类文明开始显出曙光，到人类文明最早的阶段形成的过程当中，所诞生的这样一些大的思想家，虽然在不同的地域，但是他们却是不约而同地在大致相同的时间段里面出现了。

在古希腊有苏格拉底、柏拉图、亚里士多德，在中国有孔子、老子、孟子，在印度有佛陀，还有一些印度的先哲，在以色列有犹太教的先知，在伊朗、波斯有最早的火神教的最早的创始人，等等。在这六百年期间，在不同的地域诞生了这样一些伟大的思想家，这些思想家在人类第一个思想的高峰期就已经奠定了思考问题的类型，这个类型一旦确立下来，其后的文明的发展过程，在不同的阶段，多数会历经重复、复制或者是修订这样一个过程，不再有真正意义上的原创的东西出现，所以说这是一个轴心时代，一切时代都围绕它转，它是一个轴心。

李国山：中华文化这个轴心时代的原点是孔子、老子、孟子、荀子、韩非子，这些从他们的精神层面、精神面貌到思想创造方面，表现得淋漓尽致。因此原典时代是我们中华文明取之不尽的一个重要的思想宝库。

《史记》《汉书》《后汉书》《三国志》，叫前四史，前四史几乎包罗了这个时期文化整合的硕果，最重要的就是司马迁的《史记》，号称中国文化的百科全书，把这个时期文化的整合淋漓尽致、生动无比地表现了出来，用鲁迅的话来讲，"史家之绝唱，无韵之离骚"。

肖云儒： 公元前五百年，在北暖温带、地中海、恒河流域和黄河流域，纷纷出现了一种缺乏联系、不约而同的现象，就是产生了一批思想的大师，他们所发表的见解，他们的影响，基本上框定了人类此后各种精神坐标的理性和实践体系。像苏格拉底、柏拉图、亚里士多德、佛陀、耶稣，还有我国的孔子、老子、先秦诸子等，这都是一些大树般的人物。在此之前，在前文字时代，人是没有主体的，人跟大自然混同到一起，没有主体观念，没有主体与客体之分。但是在此之后，这些思想大师的诞生意味着文化轴心时代的开启。

由于铁器的出现有了剩余物质的生产，因此有了剩余的产品，有了贸易，有了贸易就有了航海，有了商业，出现了一系列崭新的事物，这些崭新的社会发展趋势，逼着人类去思考，现实社会走向一个转折、涅槃的时刻，精神也必须随之涅槃。就是这个时候，亚里士多德、孔子、老子纷纷出现了，他们实际上是赋有天命来解读这个世界崭新的现象，解读这个世界的坐标，宗教伦理的价值坐标应该怎么样，国家体制是否合理，未来社会应该怎样发展，回答这些原问题就是最根本的东西，所以我们也把那个轴心时代叫原典时代。

从这个轴心时代开始，人类的整体以主体的地位向客观世界发问，其文学的代表作，就是屈原的《天问》，里面有三百多句，提出了 173 个问题，《天问》的主语是人，人在问天，人在发问，人跟天分离，这时候，人是主体，天是客体。

新的轴心期出现，必将带来人类社会翻天覆地的改变。我们不知何时进入下一次轴心期，但应当不是现在。

书里有话

巨人的肩膀

在世界文明史上，有一位科学家的名字和一种水果紧紧地联系在一起——艾萨克·牛顿，砸到牛顿的苹果或许是有史以来最伟大的一枚水果。

牛顿的一生著述甚多，在众多领域均有建树。影响最为深远的当属三卷本代表作《自然科学之数学原理》，这部"科学史上最重要的论著"阐述了万有引力和三大运动定律，奠定了此后三个世纪里力学和天文学的基础，并成了现代工程学的基础。

万有引力定律在1687年发表于《自然哲学的数学原理》上的，表述为：任意两个质点由通过连心线方向上的力相互吸引。该引力大小与它们质量的乘积成正比与它们距离的平方成反比，与两物体的化学组成和其间介质种类无关。

万有引力定律把地面上物体运动的规律和天体运动的规律统一了起来，对以后物理学和天文学的发展具有深远的影响。

三大运动定律，即牛顿运动定律，包括牛顿第一运动定律、牛顿第二运动定律和牛顿第三运动定律。第一定律说明了力的含义：力是改变物体运动状态的原因；第二定律指出了力的作用效果：力使物体获得加速度；第三定律揭示出力的本质：力是物体间的相互作用。

牛顿运动定律中的各定律互相独立，且其内在逻辑符合自洽一致性。其只适用于质点、惯性参考系以及宏观物体的低速运动。牛顿运动定律阐释了牛顿力学的完整体系，是研究经典力学甚至物理学的基础，在各领域上应用广泛。

　　牛顿把自然哲学和数学结合起来，这就不是一个单纯的自然科学，而是一种世界观。这个世界观，对西方人来说，具有重要的意义。几乎整个现代文明的工业化的基础，都是从这本书开始的。万有引力理论给出了所有今天的现代化、机械化的，所有东西的基础。

　　《自然科学之数学原理》的出版问世犹如一枚火种，点亮了仍在黑暗中摸索的科学界，并构造了人类历史上最为宏伟的认知体系，影响一直延续到今天。

　　在科学上，我们总是要等待，在一定的阶段的时候，有一个集大成的人出来。他的理论一下子就能把前面那些都包容在里面，用它都能解释，于是它就会变成一个纲领性的东西，在这个纲领上面，就可以工作几百年。《自然科学之数学原理》就是现代自然科学的集大成者。

　　在文明史上，这部著作不仅成就了英国工业革命，还在法国诱发了启蒙运动和大革命，直接推动了社会生产力和基本社会制度的发展变化。

● 牛顿墓地

● 青年伏尔泰

"法兰西思想之父"伏尔泰说:"牛顿把他的工作推到了人类思想史上从未达到的最大胆的境界。"20 世纪伟大的智者爱因斯坦也赞许道:"今天物理学家的思想,在很大程度上还是被牛顿的基本概念所左右,至今还没有可能用一个同样无所不包的统一概念来代替牛顿的关于宇宙的统一概念,而要是没有牛顿明晰的体系,我们到现在为止所取得的收获就会成为不可能。"

对于自己的伟大发现及其深刻影响,牛顿却是如此评述:"如果我比别人看得更远,那是因为我站在巨人的肩上。"

牛顿是史上第一位获得英国国葬待遇的自然科学家,他的墓地就在肃穆威严的威斯敏斯特教堂内,和他一起享有这种殊荣的还有乔叟、狄更斯、丘吉尔、克伦威尔、达尔文等彪炳史册的伟大人物。在牛顿墓地,我们看到由天使陪伴的牛顿倚坐在一堆书上,这一本本记录着前人成就经验的书,就是牛顿惊人成就的灵感源泉,也就是他所说的"巨人的肩膀"。

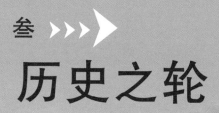

叁 〉〉〉▶

历史之轮

　　书籍像一粒种子，每到一地便生根发芽；书籍有一种力量，是数十亿地球人灵魂深处的动力，因为人类旺盛的求知欲，世界呈现出无限的可能性，在以书籍为核心媒介的传播影响中，我们的世界在充满戏剧性的变幻中演进。

这是《清明上河图》中绘制的"城郭市桥屋庐、草树马牛驴驼",这舟船往复,飞虹卧波,店铺林立,人烟稠密的繁华景象正是被英国思想家约翰·霍布森盛赞的世界"第一次工业奇迹"。

• • • • • • •

本片拍摄时，这位老人已有 106 岁，是一位经济学家、翻译家和教育家，他是南开大学的教授杨敬年。

1945 年，37 岁的杨敬年考取第八届庚子赔款公费留英，拿到牛津大学的博士学位之后，杨敬年回国任教，将毕生精力投注于教学、科研，历经风雨，弦歌不辍。他一手创办了南开大学财政学系，并率先开设了发展经济学课程。

● 杨敬年

● 杨敬年

● 国富论

《国富论》

全称《国民财富的性质和原因的研究》（An Inquiry into the Nature and Causes of the Wealth of Nations）。它的中心任务就是弄清楚国民财富的性质和原因，以达到富国裕民的目的。亚当·斯密认为国民财富就是一个国家所生产的商品总量，而政治经济学的目的正在于促进国民财富的增长，兼顾好个人和社会、生产者的利益，而避免牺牲掉某一方面的利益。围绕着这个主题，斯密系统地发挥了关于价值、市场、竞争、经济目标的分析、经济政治学、财政学等一系列观点，以高屋建瓴的气势建立起一座经济理论的大厦。

1998 年，已入耄耋之年的杨先生接到陕西人民出版社的邀请，翻译经济学鼻祖亚当·斯密发表于 1776 年的著作——《国富论》。

我那个时候已经 90 岁了，觉得精力还可以，就答应了。这个工作花了 11 个月的工夫，每天早晨三点起来到七点，连续翻译四个小时，下午就校对。

（杨敬年　南开大学教授，《国富论》译者）

74 万字的书稿在这位 90 岁老者的笔下，居然不到一年时间就顺利翻译完成，被学界誉为奇迹。与已有的几个版本的《国富论》相比，杨先生的译本中加入了熊彼特、萨缪尔森、马克思等经济学巨匠的批注，再加上杨先生深厚的经济学造诣和语言功力，使这个版本的《国富论》很快受到读者的追捧和专业人士的肯定。

2011 年 3 月 4 日，亚当·斯密的母校英国格拉斯哥大学校长安顿·马斯凯特里，在访问南开大学的当天下午就拜访了杨敬年先生，并带来了《国富论》的手稿复印件，赠送给这位远方的知音。

杨敬年翻译的《国富论》自 2001 年发行以来，至今已印刷 15 版，总计发行超过十万册，成为罕见的经济学畅销书。

是什么原因让这本专业学术著作在两百多年后依然保持着巨大的吸引力呢？

这是影响世界历史进程的一本书。一直到好几十年后，他的经济思想支配了各国的经济思想。

（杨敬年　南开大学教授，《国富论》译者）

人类文明史有几千年，但是第一本系统地提出政治经济学理论体系的，我认为是《国富论》。它好比是一颗精神的原子弹，它的横空出世揭示了人类经济社会发展运转一个普遍的规律，就是说经济应该怎么样运转？

（常修泽　清华大学中国经济研究中心研究员）

《国富论》被誉为西方经济学"圣经"，它是第一本试图阐述欧洲产业和商业发展历史的著作；自此以后，经济学成为一门独立的学科；更具现实意义的是，它为现代自由贸易、资本主义和自由意志主义提供了理论基础。

此书出版后不久，英国率先完成工业革命，从一个在海洋中颠簸漂浮的岛国变成欧洲强国，最终成为"日不落"的世界霸主。有人说，正是亚当·斯密的这部著作奠定了英国崛起的财富之路，也有人把它比作一台思想发动机，说它使得工业化不再停留于发明机器和制造产品的阶段，真正对社会发展产生了革命性的意义。

《国富论》里面一个重要的思想，就是每个社会成员追求自身的利益，结果是促进整个社会利益的这种实现和发展。这种发现是带有振聋发聩意义的。

（常修泽　清华大学中国经济研究中心研究员）

《国富论》主张人从自立出发，通过一个看不见的手，通过供求关系、价格制度来达到共同利益的目的。

（杨敬年　南开大学教授，《国富论》译者）

工业革命

开始于18世纪后半期，通常认为它发源于英格兰中部地区，是指资本主义工业化的早期历程，即资本主义生产完成了从工厂手工业向机器大工业过渡的阶段。工业革命是以机器取代人力，以大规模工厂化生产取代个体工场手工生产的一场生产与科技革命。由于机器的发明及运用成了这个时代的标志，因此历史学家称这个时代为"机器时代"。

● 英国工业革命发源地

看不见的手

最初的意思是，个人在经济生活中只考虑自己利益，受"看不见的手"驱使，即通过分工和市场的作用，可以达到国家富裕的目的。后来，"看不见的手"便成为表示资本主义完全竞争模式的形象用语。这种模式的主要特征是私有制，人人为自己，都有获得市场信息的自由，自由竞争，无须政府干预经济活动。

看不见的手，揭示自由放任的市场经济中所存在的一个悖论。认为在每个参与者追求私利的过程中，市场体系会给所有参与者带来利益，就好像有一只吉祥慈善的看不见的手，在指导着整个经济过程。

这个理论从 1776 年该书系统出版以后到今年已经是两百多年了，两百多年来，它对于人类的经济发展和社会进步，起到了巨大的作用。

（常修泽　清华大学中国经济研究中心研究员）

英国著名历史学家巴克勒在其名著《文明史》中说："从最终效果来看，《国富论》也许是迄今最重要的书，这本书对人类幸福做出的贡献，超过了所有名垂青史的政治家和立法者做出的贡献的总和。"

"一只看不见的手"为资本主义的演进缔造了新的经济模式。同时，另外一只手——阅读，正在以另一种力量推动着历史之轮滚滚向前。

东学西渐

　　1626 年，英国文艺复兴时期最重要的作家、哲学家弗朗西斯·培根在做低温防腐实验时不慎受寒致病，65 岁的他从此卧床不起，最终，他用生命实践了自己在《论读书》中所言："用书之智不在书中，而在书外，全凭观察得之。"

　　事实上，这位伟大的作家早就对影响世界的伟大发明倾慕不已，在培根的代表作《新工具》中，他已经注意到一个奇怪的现象：对于世界而言，最重要的发明就是印刷术、火药和指南针。而这三项发明都指向一个方向——世界的东方，这些世界上最重要的发明都来自一个国家：中国。

大唐

● 张骞出使西域图

● 张骞的故事

500 年后，在他的家乡，一位英国思想家约翰·霍布森写出了一本惊世骇俗的作品：《西方文明的东方起源》，这本书清晰地揭示了一个重要的史实：欧洲发展的每个重要转折点，很大程度上都是通过吸收东方发明而完成的，无论是思想、技术还是制度，在公元 500 年至 1800 年之间，这些东方发明从先进的东方向全球扩散，并且最终为今日世界奠基。

在遥远历史长河的关键节点，书籍是怎样跟随它的主人，踏上伟大的旅程？又是谁最终在不同的文明之间传递了最珍贵的讯息？

张骞开辟的丝绸之路上，繁忙的商旅驼队背负着满载的货物与流动的文明浇灌着塔克拉玛干沙漠焦渴的肌肤，直到八百年后的大唐，日积月累的物资交换已经深刻地改变了汉人的生活，在唐人的眼里，大批外国商人、政府使节、留学生和宗教徒经陆路、水路来到中国，客居长安、洛阳和其他一些重要的商业城市，已是司空见惯的场景了。

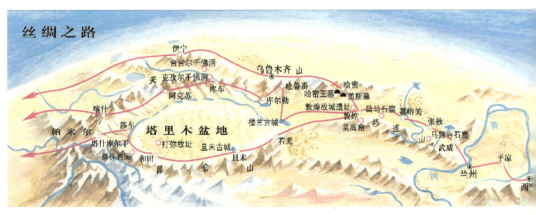

● 丝绸之路

　　然而在公元前二世纪汉武帝刘彻继位时，广阔"西域"却还是一个汉人不曾踏足之地，西域究竟什么模样？玉门关外能否找到夹击匈奴的盟友？

　　谁也没有想到，第一位抬脚走世界的人竟然用十三年时间、百人出关一人还的代价才走完这一次"凿空"之旅。东汉时，班超又将这条路线打通、延伸到了欧洲直至罗马帝国。

　　东汉桓帝延熹九年，即公元166年，罗马帝国的使者第一次顺着丝绸之路来到东汉的都城——洛阳。高大巍峨的大汉都城处处展现着东方神秘国度的莫测与高深，都城的形制、规模与建筑样式都显示着严格的等级规范和礼制秩序。这令当时同是世界上最强大国家的罗马也不禁叹为观止。

　　文化之旅既已成行，谁又能阻挡东学西渐的历史潮流呢？

　　公元600年，一个男婴降生在河南偃师陈家的这座小院，12年后，这个男孩出家为僧，法号玄奘。公元629年，29岁的玄奘偷越大唐国境踏上了西行取经的漫漫长路，17年后，玄奘带着从天竺国取来的645(另一说为657)部佛经回到了都城长安。归国后的玄奘先后在长安弘福寺、大慈恩寺及铜川玉华宫翻译佛经75部，1335卷，开创了中国佛教的法相唯识宗。

● 洛阳

玄奘

599年—664年，唐代著名高僧。法相宗创始人，佛经翻译家。洛州缑氏（今河南洛阳偃师）人。13岁出家，遍读佛典。贞观元年时，他一人从长安出发，西行五万里到印度取真经，贞观十九年回到长安。其后，玄奘在唐太宗的支持下在长安大慈恩寺设译经场，与弟子等人专心翻译所带回的佛典。有"大乘天""解脱天"之称。

古城西安的标志大雁塔始建于公元652年，是为保存玄奘从天竺取回的经卷、佛像而建，如今已成为人们纪念玄奘的一处圣地。但大多数人并不知道，玄奘对中外文化交流所做出的贡献并不仅止于翻译佛经，他还曾经受唐太宗李世民之命，将中国道家的经典《道德经》译成梵文并传介到印度。

唐王朝把道教作为国教，老子和他的《道德经》得到推崇。唐太宗之所以让玄奘把这个《道德经》翻译成梵文，传播到印度去，目的主要是让印度人了解中国，了解中国深邃的文化。

（王双怀　陕西师范大学 教授）

● 玄奘坐像

● 玄奘大雁塔

　　魅力十足的大唐帝国，曾是世界历史上最耀眼的一个中华时代，它曾经以遥遥领先的优势和影响力，占据了东亚文明的核心高地，影响了包括日本、朝鲜等国在内的许多邻邦。各国纷纷派遣唐使和留学生来此长驻、学习。

　　作为文明沉淀的载体，书籍无可替代地担负起文明传递、文化交流的重任。

　　从 16 世纪开始，这本玄奘曾经翻译过的道家经典，经由各国使节、传教士之手，被翻译成了拉丁文、法文、德文、英文等，传播到世界各地，在西方世界产生了深远的影响。康德、尼采、罗素、爱因斯坦、海德格尔……都是这本书的拥趸。据统计，到目前为止，可查到的各种外文版的《道德经》典籍已有 1000 多种。据联合国教科文组织统计，被译成外国文字发行量最多的世界文化名著，除

● 玄奘译本

● 《道德经》

● 古籍图书

● 四大发明

了《圣经》以外就数《道德经》了。

大名鼎鼎的德国哲学家尼采，认为老子的思想，就像一眼甘泉，你随便什么时候放下桶去取，便唾手可得，比如说叔本华，再往前，比如说康德，他们都有受老子思想影响的痕迹。

（韩鹏杰　西安交通大学教授）

借助书籍的力量，欧洲发展的每个重要转折点都能寻找到东方文明的身影，并且在思想、制度、技术等各方面产生深远影响。

正如马克思所言："火药、指南针、印刷术——这是预告资产阶级社会到来的三大发明。火药把骑士阶层炸得粉碎，指南针打开了世界市场并建立了殖民地，而印刷术则变成了新教的工具，总的来说变成了科学复兴的手段，

《清明上河图》

变成对精神发展创造必要前提的最强大的杠杆。"

这是《清明上河图》中绘制的"城郭市桥屋庐、草树马牛驴驼",这舟船往复,飞虹卧波,店铺林立,人烟稠密的繁华景象正是被英国思想家约翰·霍布森盛赞的世界"第一次工业奇迹"。

这时,一切的积累日臻成熟,只等待着一个至关重要的伟大发明。

与工业奇迹相比,宋朝更以文人执政而出名,这个比以往任何时代都重视读书的朝代,以深厚的文化基础、安定的环境、优厚的待遇,使"宋"成为一个文化异常发达的、文质彬彬的时代。在明代著名文学家宋濂看来:"自秦以下,文莫盛于宋。"

手工业和商业的空前繁荣带动了出版业的发展,以至于宋代印书对世界文化的发展产生了深

Tips 《清明上河图》

中国十大传世名画之一。作品以长卷形式,描绘了北宋时期都城东京汴梁(今河南开封)的状况,主要是汴梁以及汴河两岸的自然风光和繁荣景象,生动记录了当时汴梁的城市面貌和当时汉族社会各阶层人民的生活状况,是汴梁当年繁荣的见证,也是北宋城市经济情况的写照。

在5米多长的画卷里,共绘了814个各色人物,牛、骡、驴等牲畜73匹,车、轿20多辆,大小船只29艘。房屋、桥梁、城楼等各有特色,体现了宋代建筑的特征。具有很高的历史价值和艺术价值。

雕版印刷

雕版印刷是最早在中国出现的印刷形式，是在一定厚度的平滑的木板上，粘贴上抄写工整的书稿，薄而近乎透明的稿纸正面和木板相贴，字就成了反体，笔划清晰可辨。雕刻工人用刻刀把版面没有字迹的部分削去，就成了字体凸出的阳文。印刷的时候，在凸起的字体上涂上墨汁，然后把纸覆在它的上面，轻轻拂拭纸背，字迹就留在纸上了。

活字印刷术

活字印刷术是一种古代印刷方法。先制成单字的阳文反文字模，然后按照稿件把单字挑选出来，排列在字盘内，涂墨印刷，印完后再将字模拆出，留待下次排印时再次使用。活字印刷术的发明是印刷史上一次伟大的技术革命。

刻的影响，这些刻印的书籍被赠送给邻邦以及远道而来的友好国家。

北宋仁宗庆历年间，即公元1041年前后，布衣毕昇创造了用胶泥制成活字，并且用泥活字印书的活字印刷术。工业的高度发达终于等来了这项划时代的发明，和中国很多伟大的发明一样，活字印刷被明朝科学家宋应星记录在世界上第一部关于农业和手工业生产的综合性著作《天工开物》之中。

火药在欧洲资产阶级革命中为资产阶级的胜利提供军事保障，指南针为欧洲新航路开辟、资产阶级积累资本提供了技术保障，印刷术和造纸术为文艺复兴和启蒙运动提供了载体。

丝绸之路上的商旅驼队更加忙碌起来，宋元时期，包括造纸术、印刷术在内的四大发明借助阿拉伯人的传播，逐步进入西方世界。指南针为大航海时代起锚、火药为欧洲资产阶级辟路、造纸术与活字印刷则为伟大的文艺复兴提供了载体，历史上著名的"东学西渐"帮助整个地球从封闭走向开放。

关于我国四大发明对文艺复兴的影响，可以说，"欧洲从封建社会过渡到资本主义社会的划时代变革是和我国四大发明的西传分不开的"。

公元1275年，马可·波罗一家受罗马教廷委托，送信函给元朝皇帝忽必烈。马可·波罗几经周折到达大都，受到了忽必烈的欢迎和信任，留在元朝为官，游历了中国的许多地方，在中国生活了整整十七年。他所著东行见闻《马可·波罗游记》成了一部震撼欧洲中世纪的奇书，它开阔了欧洲人的视野，也激起他们探索神奇东方的欲望，这对于十五六世纪欧洲航海事业的发展具有巨大鼓舞和启示作用。

在中国发明了印刷术并传入欧洲近四百年之后，德国古登堡创制出用铅、锑、锡三种金属合理配制的铅活字，并采用机械印刷。从此印刷术进入初步的机械化时期，世界的信息流通变得更为快捷了。

东学西渐的漫漫历程中，商人、旅行家和传教士，充当了播种机和传送带。

这是大家耳熟能详的《马可·波罗游记》。在这本描述东方见闻的游记中，马可·波罗以大量的篇章描述了中国的富庶和繁华。宏伟壮观的都城，富丽堂皇的宫殿，发达的工商业，热闹的市集，让每一个读过此书的人都无限神往。

● 马可·波罗像

● 古登堡印刷机

> **Tips　《马可·波罗游记》**
>
> 　　《马可·波罗游记》是一部关于亚洲的游记，而其重点部分则是关于中国的叙述。文中以大量的篇章，热情洋溢的语言，记述了中国无穷无尽的财富，巨大的商业城市，极好的交通设施，以及华丽的宫殿建筑。该书在13世纪末年问世后，被称为"世界一大奇书"，它打开了中古时代欧洲人的地理视野，也有助于欧洲人冲开了中世纪的黑暗，走向近代文明。

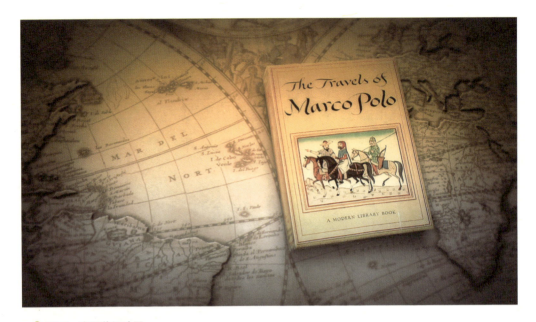

● 马可·波罗游记动画

● 故宫一角

马可·波罗所报道的东方的这些极度富裕的城镇,对西方人来说是闻所未闻的。

（江晓原　上海交通大学教授）

《马可·波罗游记》详细记载了中国,对中国的这些山川形势、风土民情的讲述,尤其对财富的讲述,极大地勾起了西方人的一种兴趣或者是一种贪欲。西方人想,东方就是一个黄金之地,是一个宝石之地。

（王双怀　陕西师范大学教授）

《马可·波罗游记》的出版,震撼了中世纪的欧洲。

尽管有些人对书中所描述的景象持有怀疑,但在争相传阅中,西方人对古老神秘的东方开始了前所未有的憧憬。

 故宫

在此之前，西方中世纪经历了基督教的长期统治，西方世界其实处于一种衰落的状态，那么在他看来，东方文明比他们要先进，所以迫切地希望到东方来。

（王双怀　陕西师范大学教授）

它让西方人看到了东方的另一种文明，那种文明是原来的西方人没有想象过的，但是至少让他们看到了，原来除了我们的模式之外，还有那种模式，人家也那么发达，比我们还好。

（江晓原　上海交通大学教授）

我们看《山海经》，里面说有什么什么，我们就哈哈一笑，听故事一样。西方人真的就要去探索，《山海经》以后还有谁？有哪个中国人去探索过《山海经》里面的那些国家？西方人的探索精神是天

> **《山海经》**
>
> 是一部上古时期荒诞不经的奇书，记载了我国古代山川、各地民俗、物产资源以及大量神异鬼怪的传说。共18卷，分为《山经》《海经》《荒经》。《山经》以四方山川为纲，记述内容包括古史、草木、鸟兽、神话、宗教等。《海经》除著录地理方位外，还记载远国异人的状貌和风格。在古代文化、科技和交通不发达的情况下，这是一部旅游、地理知识方面的百科全书，实际上也是我国记载神话最多的一部古书。

● 祈年殿

生的,从古希腊就开始了。最开始是做海盗,到处去猎取财富。

(邓晓芒　华中科技大学教授)

正是书中描写的有关中国的天堂般的景象,召唤着探险者们扬帆远航、奔向东方,不经意间,《马可·波罗游记》引发了世界历史上影响深远的地理大发现。

这本书出版之后,在欧洲世界引起轰动,所以西方掀起了一种环球航行发现东方世界的热潮。

(王双怀　陕西师范大学教授)

哥伦布也受这个影响,他是想到印度去。印度也是东方,就是想追求财富。听说那个地方遍地是黄金,到处都是财富,加强了西方的这样一种外向探索的精神。

(邓晓芒　华中科技大学教授)

有西方学者评价说："这不是一部单纯的游记，而是启蒙性作品，对于闭塞的欧洲人来说，无疑是振聋发聩，为欧洲人展示了全新的知识领域和视野，这本书的意义在于，它导致了欧洲人文科学的广泛复兴。"

在这块纯正的中国传统形制的墓碑上用中文刻着一个外国人的名字——利玛窦。利玛窦是意大利天主教耶稣会传教士，本名玛提欧·利奇，于明朝万历年间在中国传教，他是第一个安葬在北京的西方传教士，也是第一个得到中国皇帝赐予安葬在中国土地上的外国人。

他是意大利人，他接受了系统的基督教教育，同时也是一个非常渊博的学者。

（冯天瑜　武汉大学教授）

明末清初这个时代，传教士到中国来传教，他们本来最主要的目的是把西方的基督宗教传到中国来，但是他们在客观上起到了对西方文化和中方文化交流的一个非常重要的桥梁和媒介作用。

（陈才俊　暨南大学教授）

为了传教，利玛窦从西方带来很多东西，比如圣母像、星盘和三棱镜等。利玛窦带来的新鲜玩意儿，很快吸引了好奇的中国人，特别是他带来的世界地图，更令人眼界大开。

在利玛窦之前，我们还不知道世界有多大。来了以后，有了利玛窦，包括以后南怀仁等等，中国

利玛窦

1552年10月6日—1610年5月11日，明朝万历年间来到中国的传教士。是天主教在中国传教的最早开拓者之一，也是第一位阅读中国文学并对中国典籍进行钻研的西方学者。他通过"西方僧侣"的身份，"汉语著述"的方式传播天主教教义，并广交中国官员和社会名流，传播西方天文、数学、地理等科学技术知识，他的著述不仅对中西交流做出了重要贡献，对日本和朝鲜半岛上的国家认识西方文明也产生了重要影响。

● 利玛窦墓

才知道世界之大，并非我们封建王朝所说的"率土之滨，莫非王土"。

（林金水　福建师范大学教授）

这样第一次，在中国介绍了地球的概念，介绍了五大洲四大洋的概念。应该说是很重要的一个贡献。

（冯天瑜　武汉大学教授）

一直到现在，我们用的很多西方地理学词语的翻译，还是利玛窦定的。

（葛剑雄　复旦大学教授）

此时的欧洲，复兴之路近半，利玛窦带来了文艺复兴的成果，而他也像大多数欧洲人一样，对展现在眼前的东方文化痴迷不已。在利玛窦看来，这里简直就是柏拉图在其书中费尽笔墨描绘的理想国。

利玛窦他们这一批的传教士，在十六、十七世纪之交来到中国的时候，他们所看见的仍然是一个极度繁华的国家。在文明上，物质生活肯定比他们西方要好得多。所以他们写回教庭的很多报告里，对这个世界的财富和它的那种文明程度、繁荣程度，都是非常震惊的。

（江晓原　上海交通大学教授）

来到中国之后,利玛窦广泛结交中国士大夫,并且发展许多公卿大臣成为天主教徒。这其中最著名的,就是进士出身的翰林徐光启。

1604 年,一位年轻的进士被选为翰林院庶吉士,这相当于大明帝国皇家学院的博士研究生,但这位年轻人此时最牵肠挂肚的却是另一件在当时看来相当离经叛道的事。

这位年轻人发现了翻译西方科学著作的价值所在:"欲求超胜,必先会通。会通之前,必先翻译。"这位年轻的翻译家希望能摸清对方文化的底细,然后看看怎样加以消化吸收,最后才能融合中西文化,形成一种超越东西方的新文化。

正因为他愿意正视西方文化,敢于接受思想挑战,所以,他也被称为真正"睁眼看世界的第一人"。这个年轻人正是历史上赫赫有名的徐光启。

利玛窦跟徐光启合作翻译了《几何原本》。
（葛剑雄　复旦大学教授）

几何这个词,就是他们当时发明的,一直到今天还在使用。
（冯天瑜　武汉大学教授）

利玛窦很聪明。为了和中国士大夫进行交往,他就开始穿儒服,戴儒冠,打扮成中国的读书人形象。
（孔祥林　孔子第七十五世嫡孙）

● 利玛窦与徐光启

● 徐光启雕像

● 利玛窦与徐光启讲道

● 徐光启译《几何原本》

《几何原本》

《几何原本》是古希腊数学家欧几里得所著的一部数学著作。它总结了平面几何五大公设，把人们公认的一些事实列成定义和公理，以形式逻辑的方法，用这些定义和公理来研究各种几何图形的性质，从而建立了一套从公理、定义出发，论证命题得到定理的几何学论证方法，形成了一个严密的逻辑体系——几何学。这一方法后来成了建立任何知识体系的典范。被广泛认为是历史上最成功的教科书。这本著作在西方是仅次于《圣经》而流传最广的书籍。

利玛窦与徐光启合作翻译了包括《四书》在内的许多中国经典著作。他们的翻译工作直接引发了十七、十八世纪欧洲的"中国热"。

利玛窦一个方面就是把西学翻译介绍到中国来，另一个方面就是把中国的学术文化介绍到西欧去。

（冯天瑜　武汉大学教授）

利玛窦在研究中国经典的过程中，还把中国的《四书》翻译成拉丁文，这个版本应该是中国经典在欧洲的第一次传播。

（陈才俊　暨南大学教授）

继利玛窦之后，西方传教士们纷纷来到中国，在近一个世纪的时间里，传教士们用中文写下了近800部著作，西方的知识体系中也因此产生了一门新的学科——汉学。

利玛窦去世之后，他的日记在欧洲出版，就是我们今天中文版的《利玛窦中国杂记》。《利玛窦中国杂记》是第一本让欧洲人全面认识和了解中国的经典著作。这本书的出现，正式开启了欧洲汉学。

（陈才俊　暨南大学教授）

　　真正的影响最大的，产生的影响最大的是法国。法国在十六、十七世纪的时候，基本上就把《四书五经》都译成了法文。那个时代，正好也是法国的启蒙思想开始兴起的时候。启蒙思想家为了反对封建的教会和神权，需要借助一个外来的力量。就像伏尔泰所说，他们从中国文化里发现了一个崭新的精神和物质世界。

（孔祥林　孔子第七十五世嫡孙）

● 传教士墓

　　这些长眠于异乡的传教士们生前不可能预料到，这个由他们开启的"潘多拉魔盒"，居然成了法国启蒙思想家反专制、反教权的思想武器，但他们应该感到欣慰的是，正是得益于他们的著述，世界的东方和西方有了文化的深度交流，人类的文明成果得以交融激荡。

● 传教士墓

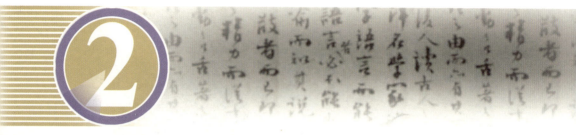

读书的力量
The Power of Reading

西学东渐

严复

公元 1877 年 3 月，一个 23 岁的青年伫立在福州港码头，不远处停泊的是即将带他去往英国的"济安"号。这个青年就是严复，此行去英国皇家海军学院学习，他踌躇满志。

严复出身于福建侯官县一个儒医家庭，自幼便把金榜题名作为人生理想。十四岁时，父亲意外染疾离世，严家随之陷入窘迫，严复也因此无法

严复求学

继续求学，只好放弃了走科举入仕的道路。恰巧，洋务派左宗棠创办的新式学校——福州船政学堂正在招考学生，不但伙食费全免，还另外每月发给四两银子补贴家用。这让家道中落的严复大喜过望，马上报名，并以第一名的成绩考取。由此，他的人生目标也修正为：做一名海军良将。

然而，梦想"师夷长技以制夷"的严复万万没有料到，自己学成回国之后竟然找不到用武之地。

出将入相的梦想失败后，他忧愤地选择了在书斋中发出自己的声音。1897年，他翻译了英国生物学家赫胥黎的《天演论》，出乎意料的是，这本译著一经出版便很快轰动了当时的中国知识界，让他一举成名。

赫胥黎

赫胥黎（Thomas Henry Huxley, 1825—1895），英国著名博物学家，达尔文进化论最杰出的代表。1893年，68岁高龄的他应友人邀请，在牛津大学举办了一次有关演化的讲演，主要讲述了宇宙过程中的自然力量与伦理过程中的人为力量相互激扬、相互制约、相互依存的根本问题。这份讲稿经过整理，即为《天演论》。

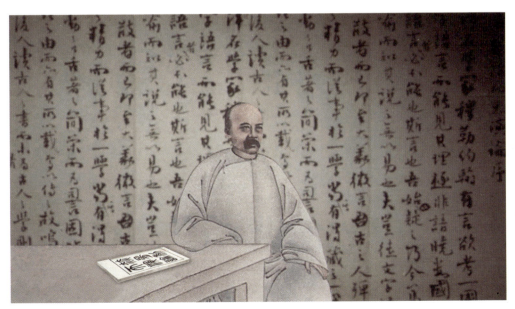

● 梁启超观《天演论》

《天演论》

《天演论》实际上是一篇十分精彩的政论文。该书认为万物均按"物竞天择"的自然规律变化，"物竞"就是生物之间的"生存竞争"，优种战胜劣种，强种战胜弱种；"天择"就是自然选择，自然淘汰，生物是在"生存竞争"和"自然淘汰"的过程中进化演进的。《天演论》揭示的这一思想，结合介绍达尔文生物进化论及西方哲学思想，使当时处于"知识饥荒"时代的中国知识界如获至宝，产生了振聋发聩的影响。

其实这本书在西方并没有太大的影响，社会达尔文主义在西方一出现，就有争议有质疑，但是这个书来到中国以后，和中国的现实状况、国际、国内的环境结合在一起了。

（王先明　南开大学教授）

因为中国当时，尤其是甲午战争失败了以后，中国有被瓜分、亡国灭种的民族危机感。严复在这种情况下，把赫胥黎的书翻译了一段，就叫《天演论》。

（孙绍振　福建师范大学教授）

他是有政治目的的，而政治目的恰好为中国士大夫所接受。因为中国士大夫都是以政治这个为根本，忧国忧民，治国平天下这一套东西。所以《天演论》这样翻译恰好是明智的，一下子就很火了，大家都来读这本书。

（邓晓芒　华中科技大学教授）

实际上他借助于西方的达尔文主义物竞天择，表达的是自己的事情。利用这样一个载体，唤醒国人的一种自觉的救亡意识，恰巧在知识界广泛传播。

（王先明　南开大学教授）

严复翻译《天演论》不是纯粹直译。在阐述进化论的同时，他还联系中国的实际，宣传奋发自强的思想，用"物竞天择"的事实与道理，激励中国人团结奋斗，救亡图存。

他不是一般的翻译，在某种程度上也是一种创作。他大体是意译，自己也做了很多发挥。他发挥的中心思想,就是人类社会也是适者生存,不适者要淘汰。

（冯天瑜　武汉大学教授）

他就是要给国人传播这个思想，你再这样沾沾自喜，夜郎自大，在这里做你的一帘幽梦，这个时代没有了。你要看到，这个世界在不断地进化当中，这个进化不以每一个人的意志为转移。

（黄健　浙江大学教授）

以文名世的同治进士吴汝纶看过《天演论》译稿后，赞不绝口，认为自中国翻译西书以来，无此宏制。欣赏之余，竟然动笔把《天演论》全文一字不漏地抄录下来，藏在枕头中。

梁启超读过《天演论》译稿，亲自给严复写了回信，没等书稿出版，就已根据其思想做文章了。

● 梁启超

向来目空一切的康有为，看了《天演论》译稿以后，称从未见过如此之书，大赞严复"为中国西学第一者也"。

可以说一本书改变了一个时代，就像天空上乌云密布的时候，大家觉得思想非常混乱，找不到一束闪电把黑暗冲破。书籍往往就是这样一种情况，有的时候会点燃人的思想和那种恐慌。它在传播一种思想，而这种思想有的时候，是非常之巨大的。《天演论》就是这样一本书。

（韩鹏杰　西安交通大学教授）

《天演论》为近代中国开启民智创下了不朽功业，"物竞天择、适者生存"为许多社会精英所接受，

● 康有为

● 陈独秀

● 《新青年》

并把它作为救亡、维新与革命的主要思想武器。

　　1898 年，以康有为、梁启超等为首的维新派人士上书光绪帝，主张学习西方，发展资本主义，戊戌变法开始。

　　1915 年，陈独秀在上海创办《新青年》，高举"民主"和"科学"两面旗帜，拉开新文化运动的大幕。

　　正是因为有了这种观念的变革，才有了第二代先进的中国人，包括胡适也好，陈独秀也好，鲁迅也好，他们最终在新文化当中，直接从西方搬来两个武器，这就是民主与科学。

（黄健　浙江大学教授）

　　我们搞物质文明，北洋舰队给打败了；我们搞政治改良，百日维新也失败了。那归根到底还是我们文化心理，鲁迅讲了，中国人的国民劣根性，要进行文化批判。

（孙绍振　福建师范大学教授）

　　《新青年》对新文化的大力倡导，不是有三大主义吗？反对旧文化，提倡新文化；反对旧道德，提倡新道德；反对旧思想，提倡新思想。没有这么一个大胆的破，也就不会有后来的立。

（黄健　浙江大学教授）

　　这一时期，民间出版机构也日渐兴盛，来自大洋彼岸的各种书籍如潮水般涌入中国。这其中就包括像《共产党宣言》《资本论》这样的马克思主义代表著作。

这些思想家的光芒，就像黑暗中的星光，使我们在暗夜中，找到前进的方向。所以我倒觉得，书籍有的时候就是，我们找不到路，一片黑的时候，一本书，它的一个思想，就会让我们看到前进的方向。

（韩鹏杰　西安交通大学教授）

严复墓

在福州市郊区盖山镇阳岐村，严复生前为自己选好的墓地就坐落于此，在这座花岗石的如意形墓地正中，有严复自题的四个大字"惟适之安"。这四个字出自韩愈《送李愿归盘谷序》"起居无时，惟适之安。与其有誉于前，孰若无毁于其后；与其

严复雕塑

● 严复故居

戊戌变法

　　戊戌变法，又称百日维新，是指1898年6月11日至9月21日以康有为、梁启超为主要领导人物的资产阶级改良主义者通过光绪帝进行倡导学习西方，提倡科学文化，改革政治、教育制度，发展农、工、商业等的政治改良运动。但戊戌变法遭到以慈禧太后为首的守旧派的强烈抵制与反对，历时103天变法失败。

　　戊戌变法是中国近代史上一次重要的政治改革，促进了思想解放，对社会进步、思想文化的发展和促进中国近代社会的进步起了重要推动作用。

有乐于身，孰若无忧于其心"。这或许就是对严复身前身后最好的总结。

　　本欲从军报国，却不得其门，转而译书著述，却成就了近代中国开启民智、推动变革的扛鼎之作。正是以《天演论》为代表的这些从大洋彼岸传播而来的现代思想和文化，在东方大地上撞击、涤荡，才催生了洋务运动、戊戌变法、辛亥革命等一系列改变古老神州的沧桑巨变，厚重的历史之轮终被这些看似柔软轻薄的书页撬动、推进，既而滚滚向前，摧枯拉朽。

　　他，没有成为一名将军，却因为一本书的巨大影响，因为译介西方思想的突出贡献，成了一名启蒙思想家，一位参与推动中国近代化巨轮的伟人。

此时的地球，东方与西方如同初见，惊为天人，在彼此的欣赏与接纳中，共舞着一曲曼妙的华尔兹，然而不久的将来，他们将走上不同的道路，未来究竟将形同陌路还是最终殊途同归？

书籍像一粒种子，每到一地便生根发芽；书籍有一种力量，是数十亿地球人灵魂深处的动力，因为人类旺盛的求知欲，世界呈现出无限的可能性，在以书籍为核心媒介的传播影响中，我们的世界在充满戏剧性的变幻中演进。

洋务运动

洋务运动，又称自救运动、自强运动。该运动是 19 世纪 60 年代至 90 年代洋务派所进行的一场引进西方军事装备、机器生产和科学技术以维护封建统治的"自强"、"求富"运动。这场运动虽然以失败告终，但却为中国近代化的起步开辟了道路，是中国近代化的开端。

辛亥革命

辛亥革命，是指 1911 年（清宣统三年）中国爆发的资产阶级民主革命。它是在清王朝日益腐朽、帝国主义侵略进一步加深、中国民族资本主义初步成长的基础上发生的。其目的是推翻清朝的专制统治，挽救民族危亡，争取国家的独立、民主和富强。这次革命结束了中国长达两千年之久的君主专制制度，在政治上、思想上给中国人民带来了不可低估的解放作用。辛亥革命是近代中国比较完全意义上的资产阶级民主革命。

Super Access
超级访问

钱文辉（常熟文史专家）
邵兆海（新会梁启超研究会会长）
葛剑雄（复旦大学教授）
张良皋（华中科技大学教授）
吴俊培（武汉大学财政金融研究中心主任教授）
李工真（武汉大学历史学院教授，中国德国史研究会副会长）
陈才俊（暨南大学中国史籍文化研究所教授）
褚树青（杭州图书馆馆长）
吴建中（上海图书馆馆长）
王新才（武汉大学图书馆馆长）

谁？ 在哪儿？ 看什么书？

1. 在现代国家公立图书馆兴起之前，图书的收藏应该是私家和皇家为主。这些藏书能否真正地传播文明呢？

钱文辉：我国古代的私家藏书大多还是供收藏者自己阅读和研究的。清代的很多状元，他们的家族很多都是藏书家。像翁同龢是咸丰六年的状元，翁同龢的父亲翁心存有个藏书楼叫知止斋，里面有不少珍贵的藏书。翁同龢 12 岁就在那里学到了大量的东西。这跟他后来成为状元有很大关系。再比如说顺治清初，顺治状元叫孙承恩，他的家是世代藏书家，祖父叫孙奇正，伯父叫孙朝书，父亲叫孙朝义，都是比较有名的藏书家。那么孙承恩在自己的家族藏书室里面，读了大量的书。

翁同龢在自己的翁氏祠堂里，写过一副对联，这个对联很有意思——绵世泽莫如为善，振家声还靠读书。这是他读书的心得体会。

翁同龢做光绪皇帝老师的时候，给光绪皇帝看了日本、俄罗斯强国变法的书，包括魏源的《海国图志》，康有为的《俄大彼德辩证记》等等。

在我们常熟的藏书，有两个特点，一个就是藏书是为了读书，不是束之高阁，更不是为了变卖。好多藏书的藏书家，把他的书进行阅读，进而进行精心研究。第二个特点更有意思，就是公开，不私密、不私人。藏书公开，为全民享用。我们清代有一个大藏书家，叫张金吾，他说过一句话，有客必应，意思是说有问我来借书的，一定要满足他。他的藏书楼里面有一个专门的房间，供外人去阅读。不管你是贫或者是富，贵或者贱，亲或者疏，一律可以进来读书。而且有的时候，免费供应茶水。有些比较贫困的读者，草根读者，还供应伙食。这个简直是我们常熟最早的全民小型图书馆。所以，私家藏书对于文明的传播还是起到了一定的作用的。

邵兆海：梁启超自幼在家中接受传统教育，因为跟外界没有什么联系，只能读中国传统的四书五经、二十二史等，一般的能够固定下来的书。

1890 年，梁启超赴京参加会试没有考中，回家的时候路过上海，在上海看到了商务印刷馆出的一本书——《瀛寰志略》，这本书是一本介绍世界各地、风俗人情、国家情况、社会状况的书，现在说来就是一本地理书。但是，梁启超看到这本书之后，就特别喜欢，因为这个大改他以前那种封闭读书的局面，一下子感到世界还有这么大，还有这么多事物，还有这么多国家，还有这么多地方自己都没有去过，都不了解，所以一下子开阔了眼界。

尽管他囊中羞涩，但还是把所有的钱都拿出来买了这本书。这本书他买回来之后，不但自己读，后来还把这本书作为康有为"万木草堂"的基本教材。可以说，私家藏书在一定的程度上促进了文明的传播。

葛剑雄：皇家藏书对于人类文明的传播，所起的作用是有限的。虽然皇家图书馆从名义上讲是允许士大夫、士子到里面去看、去抄录的。但是这个只能说是皇家图书馆的分馆，跟公共图书馆的概念还是不同的。实际上这并不是真正开放的。根据我们现在了解到的情况，其实没有多少人能够享受这样的权利。

比如郑和航海，郑和航海真正的内容，真正的那些档案都给国家了，后来留下来的是什么呢？郑和下西洋的一些文学作品，还有他的助手写的那些原来的记载，主要的东西反而没有了。

2. "读书的力量"体现在哪些方面？人和图书的缘分，您是如何看待的？

张良皋： 读书的力量，我有感受，我能活到现在我觉得我是得益于读书，特别是在高中时期，我看了一本影响我终身的一本书，这本书是一本翻译的小说，叫作《野性的呼唤》，作者是杰克·伦敦，原来的名称叫作《The call of wild》，这本书对我影响太大了。

《野性的呼唤》描写的是狗的社会，我一看就懂了，狗的社会跟人的社会差不多，当狗也要当个强狗，你当个弱狗就受欺负，人家咬你，你当个强狗，别的狗就不敢欺负你。

吴俊培： 那个时候也没有强调什么义务教育，但是到了学龄以后，家里再苦也要把小孩送去读书，这一点倒是风气，那是肯定的。

你为什么要读书，就是要明理。怎么才算是明理呢，也就是要知书达礼，知道礼义廉耻。

那个时候年轻身体好，晚上人家都在乘凉，我却在煤油灯下看书。在煤油灯下读书，让人汗流浃背，我也不觉得热。但是读书要做笔记，汗把书都给浸湿了，我就用干毛巾把手给绑起来，这样就会好很多。

李工真： 我们今天在信息化时代，不是不阅读，而是我们的阅读，是碎片化的阅读。知识都是碎片状的。我们用英文来表示叫 information to information，信息点对点，从这个点到这个点，它不能构成一个知识的谱系所带来的整个文化的力量，整个文化的逻辑力量，整个文化所带来的历史的力量，整个文化带来的那种深层次精神莅临。我们现在年轻人，你说他的智商低吗？智商不低，聪明吗？非常聪明。可是他们接触的知识不完整。接触的量看起来很大，但是这个东西都不能够深化下去。当一个知识没有它的一个谱系，它没有一种往深走的这样一个逻辑的力量的话，那么整个人就像米兰·昆德拉的小说里面所说的，生命中不能承受之轻，整个人生命是轻飘飘的，就像浮云一样，看起来很美，但实际上没有力量。

有了这种知识谱系，你就获得你的思考的逻辑的力量，获得你的思考的架构力量。而不是你所谓的脑袋一拍，所谓的一个点子出来，所谓的一个主意出来。那些主意，那些点子看起来很新颖，但是有时候经不起逻辑的推敲，经不起理性的力量分析。

我们接触这些知识，往往会顾此失彼。看到这点，没看到那方面。看到表面，看不到里面。或者说我们看到这一面，不能看到那一面，这样造成了一种知识结构的缺陷。我个人还有一个观点，如果一个人在知识结构上有缺陷的话，有可能会影响他的心灵，或者说他的性格结构上的缺陷，或者思想的某种缺陷。这种缺陷如果不及时校正，人就有可能被这些碎片化的知识盲目化了，甚至说是僵化了。一旦一个人的思想、精神，到他的心灵都僵化了，从某种意义上说，这个人就没药可救了。

所以我们讲知识的力量，一个完整的知识力量，我们称之为读书的力量，不是简单的读书，而是要怎么读？你怎么来架构自己的这种知识的谱系，用强大的力量，完成人类的文明架构。

陈才俊：我们知道有这样一个口号——知识就是力量，怎么获取知识呢？读书。阅读是一个获取知识必不可少的手段，所以欧洲掀起了一场阅读的革命。

欧洲各国在扫除文盲这个问题上，德国是走得最快的。十八世纪被席勒称之为一个"墨迹铺垫"的社会，是一个"读书成瘾"的社会，人家是怎么实现思想革命？怎么发生哲学革命？整个社会里边有这样的一个基础，就是要读书。而且这个读书就是思考。你怎么获取知识？书本上的知识是必须经过自己的脑袋瓜子的消化的，而且活到老读到老，有什么书读什么书，读天下最好的书，最值得读的书，而不是只读一本书，不是只读教科书，所以不是读寻找标准答案的书，而是读能够指导人生吸取文化营养的书。欧洲出现的这样一场阅读的革命，这是我们中国没有的。

任何一个有发展前途的文化，一定是一个能够吸收天下所有优点的、好东西集中到自己身上来的文化，这样的文化才是有前途、有光明前景的文化。

3.您认为,吸引更多的人热爱读书,现代图书馆应该做些什么?

褚树青: 在客观上我认为藏书楼对中国文化的最大的贡献就是保存文献。但藏书楼和现在公共图书馆最大的一个区别就是,它是以藏为目的,而公共图书馆是以用为目的。

网络上讨论:拾荒者能不能进图书馆?我说这实际上是个伪命题,为什么我们对这些人走进公园从来没有议论,走进公共卫生间没有议论,为什么走进图书馆就有议论呢?实际上对拾荒者开放没有那么艰难。当一个公共图书馆可以自由穿行的时候,那么社会各种阶层的人就会频频光顾。现代图书馆要做的就是要使任何人都可以自由地进入,也就是要做到在文化面前人人平等。图书馆是共享的地方,假如人们能够有一个公共可以免费阅览的地方,而且拥有成系统的海量的图书或者信息,那么它将会是一种很好的享受。

实际上公共图书馆是很重要的,它承担着人们的终身教育、社会教育的角色。你学历教育的时候在学校,你走出学校之后在图书馆,终身教育在图书馆。

而且图书馆从原来的阅读场所走向了学习场所,概念也宽了很多。到图书馆是去学习的,只要是学习,那么什么方式什么内容都可以在图书馆里去做,我们称为:打造一个第三文化空间。这个第三文化空间就是指家庭和单位之外,你进行文化交流的场所。而这个交流场所非常充满情趣,非常自由,非常宽松,非常多元,内容非常丰富,可以让你忘掉年龄、性别,忘掉这个身份,忘掉自己的职业背景。我们认为这样是代表了未来图书馆的方式,让人们不在家、不在单位的时候,就愿意到图书馆去,这么一种氛围。

所以我们讲在什么地方看书,在什么背景下看书,和谁一起看书,这是一种文化,一种享受,而图书馆就是要打造这种独特的图书馆文化,它才具有这种精准的魅力,它才会在互联网或移动阅读面前永不褪色。

吴建中: 图书馆读书一方面它给你创造了这么好的一个安静的环境,使你能够静下心来。我们经常讲要读书要静下心来读书,静下心来精读,这个非常重要。

其实肤浅的阅读造成的结果是浮躁的人生。因为你看的是碎片的东西,所以养不成你的一种很好的习惯。

一个人学习最好的时间段是在小学、中学、大学这一段时间。也就是说在 20 岁以前，你可以将全身心的精力用在学习上。这个时期也是你世界观形成的时期，读什么样的书你就会产生什么样的思想。

所以我们一定要让青少年能够养成精读名著的习惯。你花了时间读，一定会有好处的，因为学到的知识和你未来解决问题的效果是成比的。你学到的知识越多，你产生的解决问题的能力越强！

李工真：当前，随着信息科技的发展，在国内阅读纸质图书的人越来越少，在公共交通工具上，到处是摆弄手机的。中国目前存在一个很普遍的现象，那就是，中国的书店正在萎缩，很多书店在消失，德国不是这个情况，德国到处是书店。现在人家的统计是，大概有 6000 多个书店，就是说德国 8100 万人口，至少有 6000 多家书店，如果把书亭、小一点规模的这样的也算上的话，大概是 1 万人至少有 1 个书店。图书馆就更多了，平均 1 万人有 1.7 个图书馆。也就是说，德国人还是习惯于纸质阅读的。

在德国，在任何一个场所，人们都是捧着一本一本的书在读，这个情况是跟中国是不一样的。另外一点就是德国还有丰富多彩的读书活动，这些读书活动又叫读书会，甚至是一个朗读会。这个人写了一本新书，我把这个作者请来，请他当众朗读，下面坐着一排一排的听众，听他朗读。这样的活动很多。你在每一张报纸上都能看到这样的信息，什么时间在哪个地方，有一个读书会，请谁来，他是哪本书的作者，感兴趣的人可以去参加。德国人喜欢这样的一种生活。所以德国对于纸质书籍是特别尊重的。

德国的图书馆管理很人性化，任何一个人，在任何一个图书馆里边，去办理一个图书证，这个图书证，只要交 10 欧元，就可以在全国通用。它全部联网了，你可以在任何地方去借阅图书，可以说在德国借书比买啤酒还方便。

王新才：国外图书馆的普及率很高，他们通常是每隔五公里左右就必须要有一个不少于五千册藏书的图书馆，供大家来阅读。而且他们更加注重的一点是，培养小孩子的阅读兴趣。

西方的教育要求父母每天需要抽一定的时间来跟孩子共同阅读，比如由父母朗读给孩子听，从小就培养孩子的阅读兴趣，然后带他们到图书馆去，所以国外的很多图书馆都有一个专门供孩子读书的地方。为了吸引孩子，那里不仅仅有书，还有各种各样的玩具，让孩子在这里能够很自由，很自在，小孩子在这样一种阅读的氛围里从小养成一种习惯。

Book Remarks

书里有话

最畅销的书

畅销书一词源于美国,在一个时代,或者是一个时间段内,非常受欢迎的就是畅销书。畅销书最大的特点便是符合当时人的阅读口味,当然,并不是说畅销书就一定是好书,但也有可能成为名著,这就要看它的实际价值是否经得起时间的考验了。

在东方,有一本影响深远的畅销书诞生,这本书便是《论语》。

《论语》是孔子及其门人的言行集,是儒家思想的经典之作,全面反映了孔子的人文思想、政治观念和社会理想,被司马迁称作是"孔氏书",可以说是一本记录了孔子济世思想的启示录。

在近代新文化运动之前的两千多年的历史中,历代统治者都十分推崇儒家思想,《论语》作为儒家思想的经典之作,是中国读书人的初学必读之书。从《论语》成书到科举制度消亡的这两千多年里,其间的读书人不计其数,即便是从活字印刷术发明之后书籍出版空前发达的北宋开始计算,在之后八百多年的时间里,科举依旧是广大学子们唯一的出路,不难想象,《论语》一书的销量必然十分惊人,

《论语》书影

只不过我们素来没有统计学的传统。

从古至今，有关《论语》的书，真是汗牛充栋，举不胜举。

作为一本语录体散文集，《论语》涉及的内容广泛，包括如何做人、人格塑造、治国安邦等。这些为人处世的基本思想教化了普通人，也指导了数不清的士大夫、君王臣子，对中华民族的心理素质及道德行为产生了重大影响，成为东方人品格和心理的理论基础。北宋政治家赵普曾有"半部《论语》治天下"之说，《论语》在中国社会所发挥的作用与影响可见一斑。

早在20世纪80年代末，75位诺贝尔奖获得者就相约法国巴黎，联袂宣言："如果人类要在21世纪生存下去，必须回头到2500年前汲取孔子的智慧。"

由此可见，成书千年的《论语》，非但没有被21世纪的科技洪流淹没，相反更加彰显其独特魅力，成为现代人修养身心、指导行为的准则。我们有理由相信，凭借着深厚的文化底蕴和极具现实指导意义的精辟言论，《论语》将不仅畅销中国，更会畅销世界，畅销未来。

而说起人类文化史上的畅销书，就不得不提到《圣经》。一直以来，《圣经》高居世界畅销书排行榜的首位，是人类历史上所有文字出版物中发行量最大的一部书，它所拥有的读者是古今中外任何名著都无法比拟的。据统计，在地球上现有的六千五百多种语言中，《圣经》已经被翻译成两千三百多种语言，而且仍有七百种《圣经》的翻译工作正在进行中，因此，可以肯定地说，《圣经》绝对是历史上翻译和出版最多的书。在全球，《圣经》每年的销量超过六千万册，远远超过其他名列畅销榜的其他图书。

《圣经》之所以如此畅销，一方面是因为它是一本集各种文学体裁于一身的世界级巨著——它不是一本文学书，但其中文笔的独特和优美是举世公认的，许多伟大的文学作品的题材直接来源于《圣经》；它也不是一本哲学书，却是被哲学家引用

《圣经》书影

最多，也讨论最多的一本书；它不是历史书，但其中关于犹太古史的记载，无论从详尽还是可靠来说，都远远超过其他民族的古史书。

一位德国哲学家说过："《圣经》是一个知识的海，任何人都可以在这一个大海里得到他所需要的；无论你汲取多少，它是不会被汲尽的。"由此可见《圣经》是怎样的一个宝藏！作家可以从《圣经》那富有深意的描述中获取灵感的源泉，诗人、剧作家和小说家可以直接或间接地采用圣经故事，很多诺贝尔获奖者也得益于《圣经》的启发开悟，甚至一个普通人，也能从《圣经》那富有哲理意味的故事中体会到生活的真谛。

由此可见，畅销千年、风行全球的优秀书籍不论在文学、历史、教育方面，还是在伦理、社会和宗教方面，都应具备无与伦比的不朽价值。它是一部"取之不尽，用之不竭"的无限宝藏，适合于任何人、任何时代。

肆 >>>>

书写人生

回首千年历史,那些活跃于乡间,或教书育人,或救死扶伤,或著述传世的落第者,无形之中影响着中国最广大的群体,其中不乏李渔、洪昇、顾炎武、金圣叹、黄宗羲、吴敬梓、蒲松龄这样自成一派的大家。他们用读书人的视野和胸怀构建起中华文明宽厚深广的底盘,成为这个古老文明虽历经风雨却绵延不断的坚强支撑。

"进士题名碑"上的每一个人，都是从这样一个个狭小的"鸽子笼"里开始自己的漫漫功名路的。从隋大业三年即公元 607 年开始，伴随着科举制的诞生，这样的考场随即遍布于中国大地。一代又一代，无数的学子从这个逼仄的空间中出发，或飞黄腾达，或蹉跎一生。

• • • • • •

稗子是一种在田间生长，并和稻子外形类似的杂草。在很多人眼中，余秀华的人生必将如同她诗中的稗子，永远无法结出成熟的果实。

1976 年，刚出生的余秀华因为倒产缺氧不幸罹患小脑脑瘫，这对她的行动和语言造成了终身性严重困扰。余秀华 6 岁才学会走路，上小学时必须由父亲背着上学。在高二时，余秀华不得不辍学回家。

生活的不幸并没有让余秀华消沉。读书，成为余秀华在逆境中唯一的爱好和支撑，她的这个爱好，也得到了亲人们的包容和支持。

● 稗子与稻子

大量的阅读激发了余秀华表达的欲望，因为书写不便，她选择了内容精炼的诗歌作为自己的表达方式。这一笔一划写下的每一个歪歪扭扭的字，都饱含着她对生命的真诚呼唤，对幸福的执着追寻。

余秀华的诗风质朴而直率，带着泥土的温度和力量，在她看来，这样的风格形成源于她最喜欢的《诗经》：一是一，二是二。

● 余秀华

● 余秀华《摇摇晃晃的人间》《月光落在左手上》

随着诗作的不断发表，余秀华也被大众所熟知。2015年，她的诗集《摇摇晃晃的人间》和《月光落在左手上》出版发售，人们通过书籍听到了余秀华发自内心的呼喊。

读书，为余秀华艰难的生命历程点亮了希望的星火，也为"稗草"般的她找寻到了果实累累、丰富光荣的人生意义。

2012年6月，当近千万高考考生正踟蹰于自己人生第一个重要的路口时，一本名为《站着上北大》的书悄然出现在各大书店的货架和各类图书排行榜上，媒体也不失时机地把这本书和高考联系起来，在这个夏天，让本就引人注目的关于读书和个人命运的热议话题再度升温。

封面上这位站岗的青年保安就是此书的作者甘相伟，一个来自湖北省广水市的山村青年。2005年，甘相伟从湖北一所职业学校毕业后南下广东求职，身处繁华的他内心中却一直不能忘却那个陪伴

● 站着上北大

了自己多年的北大梦。2007年，甘相伟在同乡的介绍下成为一名北京大学的保安，"能读书"是促使他放弃薪酬更高的工作，甘心做一名普通保安的唯一理由。

● 甘相伟

2008年，通过成人高考，甘相伟正式成为北大中文系的本科生。从此，北京大学里有了一位身份特殊的学生，站在岗亭里，他是北大保安，走进课堂，他是北大学生。在即将毕业之际，甘相伟出版了自己的这本自传——《站着上北大》，北大校长亲自为其作序，甘相伟也因此荣获"中国教育年度十大影响人物"。

从此，这个做过水泥工，当过推销员的北大保安成为很多草根的偶像。有人叫他"北大励志哥"，说他是一个鲜活的草根传奇；也有人说他是小人物成才的示范，让人们看到了什么叫作"知识改变命运"。

● 北大未名湖

① 货与帝王家

● 东林书院旧迹

● 东林书院正心亭

"风声、雨声、读书声，声声入耳；家事、国事、天下事，事事关心。"这副名联数百年来一直叩动着每一个中国读书人的内心，它由明代著名思想家顾宪成所作，悬挂于江苏无锡东林书院的依庸堂内。

1604年，顾宪成连同弟弟顾允成以及著名文人高攀龙等人，将原先废弃的东林书院重新修建，他们在此讲学、议政，东林书院很快就成为明朝最著名的书院。这里培养了一大批进入明朝权力中枢的学生，形成了明朝后期一股重要的政治力量，时人称之为"东林党"。

书院是从唐代开始出现的一种教育机构，在历史上几度兴衰，一直到清末才由新式学堂全面取代，前后延续了一千多年。纵观中国历史，书院的兴衰轨迹几乎与科举制度的兴衰轨迹相对应。在学而优则仕的年代，聚集于书院的莘莘学子于风雨声中潜心攻读，虽身处江湖之远却心系庙堂之高，只待有朝一日"学成文武艺，货与帝王家"。高悬于东林书院正心亭内的这一块块牌匾，就是

● 万松书院

激励着他们砥砺自省、奋发读书的终极目标。

中国古代的教育,它的终极目标还是要从政,光宗耀祖。孔子说,学而优则仕。在隋唐之后,中国历朝历代一直在实行科举制度,这是选官用人的重要途径。

(王双怀　陕西师范大学历史文化学院教授)

这份满纸隽秀小楷的册子是一份清朝时候的殿试试卷,正是凭借这份试卷,翁同龢蟾宫折桂,成为清咸丰六年的状元。

翁同龢故居位于江苏常熟的翁家巷内,虽身处寻常巷陌,但至今仍被常熟人视为当地的文脉宝地。就在翁同龢殿试夺魁7年之后,另一个翁家子弟,翁同龢的侄子翁曾源再次高中,成为常熟历史上的第八位状元。

● 科举第一名考卷

● 翁同龢故居

● 翁氏故居采衣堂

● 翁氏故居知止斋

● 翁同龢是同治、光绪的老师

天下读书人梦寐以求的桂冠，在短短七年之内两次落入同一个家族，究竟是什么原因让翁家如此幸运呢？

翁同龢，他在自己的翁氏祠堂里，写过一副对联。这个对联很有意思，就是"绵世泽莫如为善，振家声还是读书"，这是他的心得体会。

（钱文辉　常熟文史专家）

"振家声还是读书"，这就是翁同龢自己给出的明确答案，也是千百年来中国社会的共同信念。

翁同龢的父亲是一个藏书家。翁心存，他有一个知止斋，有他的藏书楼，里面有一些珍贵的书。翁同龢小的时候，经常在那里看书。

（钱文辉　常熟文史专家）

中国古代教育是两个系列，一个是官学系列，一个私学系列。私学系列很大的组成部分就是家族的家庭教育，大家族的家庭教育做得非常好，他们往往有家教有家风有家传。家教、家风、家传对他们家族的文化传承，对家族的发展起了很大的作用。

（王双怀　陕西师范大学历史文化学院教授）

中国历史上一些有重大成就的人物，往往不止一代，而有一代至两代到三代的积累，到最后某一代达到高峰。比如说苏轼家族，他也不是一代，从他的祖父，特别是他的父亲，最后到苏轼达到高峰；欧阳修也是这样的。

（刘玉堂　湖北省社会科学院副院长、研究员）

正是得益于这种重视读书的家学，翁氏家族才成为中国历史上显赫一时的书香门第。翁同龢的父亲，翁曾源的祖父翁心存，道光二年进士，咸丰、同治两朝大学士，早年曾任上书房的总师傅，教授咸丰帝奕詝、恭亲王奕訢等，晚年入值弘德殿，被两宫太后亲选为同治帝的老师。同治四年，翁同龢接替父业，成为翁家的第二位帝师，授业同治帝。同治病逝后，他又授业光绪帝长达二十多年。

● 科举考场示意图

因为和光绪皇帝有着不同寻常的师生关系，翁同龢在晚清的内政外交中担当了重要角色，他不仅亲自草拟了戊戌变法的纲领性文件《明定国是诏》，还直接参与了中法战争和中日甲午战争的决策，被康有为称为"中国维新第一导师"。

"叔侄状元、父子帝师"，翁家三代人达到了中国古代读书和致仕的巅峰，成就了读书改变家族

科举

科举是通过考试选拔官吏。由于采用分科取士的办法，所以叫作科举。科举制从隋朝大业三年（607年）开始实行，到清朝光绪三十一年（1905年）举行最后一科进士考试为止，经历了近1300年。

● 北京孔庙

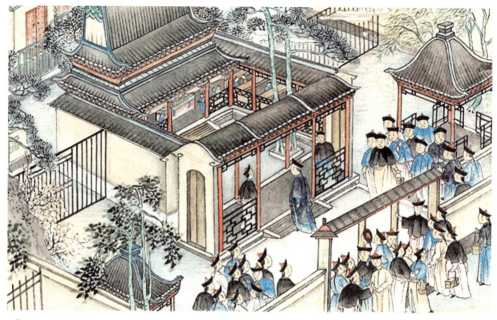

清代科举书画

命运继而影响国家命运的人生传奇。

北京孔庙大成门外整齐排列着198座石碑,秩序森然、蔚为壮观。石碑上镌刻着自公元1315年至公元1904年,元明清三朝考取进士的51624人

北京孔庙历代进士碑

的姓名、籍贯以及名次。进士，是中国古代科举制度中通过了最后一级考试——殿试的人，意为可以进授爵位的人，也就是说，得中进士是成为中高级官员的基本条件。我们所熟悉的"状元"、"榜眼"和"探花"就是对进士前三名的特定称呼。

● 嘉定孔庙科举考场

"进士题名碑"上的每一个人，都是从这样一个个狭小的"鸽子笼"里开始自己的漫漫功名路的。从隋大业三年即公元607年开始，伴随着科举制的诞生，这样的考场随即遍布于中国大地。一代又一代，无数的学子从这个逼仄的空间中出发，或飞黄腾达，或蹉跎一生。

从选考制度到九品中正制度，到后来发展到科举制。科举制，和我们的文官制联系在一起，是我们对世界的最伟大的发明贡献之一。

（郭齐勇　武汉大学国学院院长，中国哲学史学会副会长）

科举考试是隋文帝时期正式成型的，到李世民的时候有一个很有名的话，李世民看到读书人纷纷应试，说："天下英雄尽入吾彀(gòu)中。"这个"彀"有人解释说是"射箭"的射程，就是圈套。圈套有正反两个意思：一个意思是天下人才尽为我所用，另外一个意思是他们也都为我所控制。

（陈　洪　南开大学文学院教授、天津市文联主席）

科举制度的创立改变了隋唐之前中国只有王室贵胄才有资格成为国家管理者的传统，为众多的寒门士子打开了通往权力中枢的大门，"朝为田舍郎，暮登天子堂"成为民间读书人可以企及的人生梦想。

科举制度是中国制度文明建设的一个非常伟大的创造。最大特点就在于不计人的身份，完全按照你的智能，你的知识水准来录用。一经录用，即成为政府的主政官员。

（冯天瑜　武汉大学教授）

科举制度使得一批寒门的读书人、布衣，他们有机会走上仕途。

（刘玉堂　湖北省社会科学院副院长、研究员）

● 同里探花牌坊

● 宋真宗

这种人才选拔制度相对来说有标准，比较公平，给处在社会下层的读书人一条晋升的捷径。无论从社会公平来讲，还是社会阶层上下流动来说，它都有积极的意义。

（陈　洪　南开大学文学院教授，天津市文联主席）

科举制度的推行，从另一个侧面也让执政者有了一个发现和控制民间精英的有效手段，对于缓解社会矛盾、提高统治阶层的执政能力具有极大的积极作用。因此，宋真宗甚至亲自作了《励学篇》来鼓励百姓读书参考。

中国的儒生跟皇权紧密配合，就靠科举制度这个纽带，把士人，布衣，提升到为皇权服务。这些人都是很有才华，智商很高的，饱读诗书，懂得治国治民之道，为维护中国的皇权起了很大作用。

（邓晓芒　华中科技大学哲学教授）

● 科举考题

● 科举榜文

让有人文修养的这些读书人，以文官进入统治集团。在那个历史条件下，也是有很多进步的意义。但是另一方面来说，我给了你这样一种途径，那么你非分之想的可能性也少了，这也是对于人才的控制。所以，科举制既统一教材又统一思想。

（陈　洪　南开大学文学院教授，天津市文联主席）

科举制度是一个公平性和开放性相结合的体制。在这样一个体制下，达到了道统的传承，也达到了社会文化整合的目的。科举其实就是一个大的舞台，在这样一个文化舞台上，社会各个利益阶层或者利益集团进行了平等的博弈。在这个竞争过程中，规则是平等的，在朝廷官僚体制组织之下，经过博弈最后达到了平衡。这种结果是全社会所认同的，这种认同和管理恰恰包含了一种相当科学的因素。

（王先明　南开大学教授）

● 民间手抄《励学篇》

● 状元第

延续了1300年的科举制度，几乎占据了中国两千多年帝国历史的五分之三和中国五千多年文明史的近三分之一的时间。从隋朝开始到清末终结，科举制共为历代王朝选拔出700多名状元、11万名进士、数百万名举人。很多优秀的读书人通过科举脱颖而出，既改变了自己的人生格局，也促成了社会的文明进步。

我编《绍兴史志》的时候，做过一个统计，就是进士名录。从唐以来到清末，绍兴有2300多名进士。其中明朝一个朝代是600多名，清朝是700多名，这是进士的数量。还有就是状元，文武状元是28名。另外就是探花、榜眼，这些加起来将近50名。

（任桂全　绍兴历史文化学者，《绍兴市志》总纂研究员）

● 唐宋八大家

唐宋八大家、宋代的六家，在很大的程度上，就是科举选拔出来的。所以唐宋这个科举，和社会文明的进步，和国家的蒸蒸日上，和文化教育的普及，和中华文明的繁荣程度，是息息相关的。

（梁中效　陕西理工学院历史文化学院院长）

这个科举制度我认为它为中华文化的存在，中华文化的绵延，中国政治的清明提供了非常好的基础。

（张良皋　华中科技大学教授）

 Tips
唐宋八大家

唐宋八大家是唐宋时期八大散文作家的合称，即唐代的韩愈、柳宗元，宋代的苏洵、苏轼、苏辙、欧阳修、王安石、曾巩。唐宋文坛以他们的文学成就最高，流传最广，故称唐宋八大家。

有人将科举制列为中国古代的第五大发明，和其他四大发明一样，诞生于中国的科举制从宋元以后东渐西传，越南、日本、韩国、朝鲜，都曾较长时间仿照中国推行过科举制度；其后法国、美国、英国等国家，选拔官吏的政治制度也都直接受到中国科举制度的启示。

西方的文官制度受到了中国科举的启发。西方文官制度也是凭考试录取的。

（刘玉堂　湖北省社会科学院副院长、研究员）

科举制对西方人很有启发，包括西方的文官制度，考试制度，都有从东方吸收的一些因素。

（邓晓芒　华中科技大学哲学教授）

文官制度兴盛起来，让英国的政治那么稳定，那么有序，也得力于当初，从中国的科举制度中，得到领悟。

（张良皋　华中科技大学教授）

虽然用现在的眼光来看，科举制存在很多弊端，特别是在科举制的后期，逐渐僵化的模式和考试内容深深地禁锢着思想，也扭曲着人性，但它在长时间内，持续促进了中华大地上的读书之风。

● 科举考试作弊纸夹带

只要你是个读书人，符合报考的条件，都可以考试。所以，它激发了中国广大底层人民读书的一种欲望。

（刘玉堂　湖北省社会科学院副院长、研究员）

中国人的读书重知情结，中国人追求耕读传家，"门前万竿竹，家藏万卷书"，这样的一种生活方式，也是在宋代科举制度盛行以后出现或者形成的。

（梁中效　陕西理工学院历史文化学院院长）

科举制提供了这样一个路径，就成了一个指示的路标。这对于我们全民族，通过读书来提升自己，有非常重大的效应。

（冯天瑜　武汉大学教授）

西方文官制度

加拿大和美国在英国的影响下，分别于1882年和1883年建立自己的文官制度。德国、法国、日本长期保留封建官僚制度，第二次世界大战后，才真正确立现代文官制度。在西方发达国家建立文官制度的同时，第三世界一些民族独立国家，仿效或借鉴资本主义国家的经验，制定本国的文官制度。

文明的底盘

● 亚历山大图书馆

● 智慧宫

公元 642 年,阿拉伯将领阿穆尔占领了亚历山大,有学者建议保留那些珍贵典籍,阿穆尔的答复却是:如果与我们传授的教义内容一致,那就没有存在的必要;如果与教义不一样,那就更该毁掉。于是这些典籍被运到一个公共浴室当作燃料,整整焚烧了 6 个月。百年之后,巴格达又耗费巨资重建了一个堪比亚历山大图书馆的学术机构——智慧宫。

大规模的焚书事件在历史上并不是孤案。面对书籍——这种比帝国强权还要强大的力量,秦始皇选择了焚书坑儒,在欧洲的黑暗时代,教皇格雷戈里一世以知识服从信仰为由,下令焚烧了藏书丰富的古罗马图书馆。

然而书籍有一种魔力,就像烧不尽的野草,知识催生了大航海时代的来临,世界变小了——不同地区、不同民族之间的交往日渐增多。原先闭塞的生存状态正被新兴的力量打破。

原本各自分散的民族历史正在一股不可抗拒的力量催生下,发展成同一部世界史。有时候,一本书的力量，足以改变历史。

1852 年，美国东部城市波士顿出了一件怪事：这一年出生的孩子中有超过 300 名女婴被取名为伊娃，当时美国的总人口也只有三百多万，那么这个东部城市中出生的女婴为什么大多数取了同一个名字呢？这还要从斯托夫人的处女作说起。

1852 年，一位家庭妇女——斯托夫人在废奴主义者杂志《国家时代》上连载的小说引起了出版商的注意，斯托夫人很担心没有人愿意以书本的形式阅读她这样无名小辈的作品，但她还是同意冒险一试。出人意料的是，第一版很快便被抢购一空。

在出版的头一年里，《汤姆叔叔的小屋》便在美国本土销售出了三十万册。尽管在作品发表后的几十年里，无数文艺评论家对这本由女性写成的、充满了感伤情绪的小说给予毫不掩饰的否定与批评。

在这本畅销书面市的第十个年头，美国历史上唯一一次内战——南北战争爆发，这本畅销书的影响力在战火中持续发酵，据战后统计，《汤姆叔叔的小屋》为美国废奴运动赢得了 200 万同情者和支持者，占当时美国总人口的三分之二。1862 年，南北战争即将结束，林肯总统在白宫接见了斯托夫人，并且意味深长地在图书扉页上题词："写了一本书，酿成一场大战。"

最终，这本书成为 19 世纪美国最畅销的小说和第二畅销的书，销量仅次于《圣经》。作为一本小说，其发挥的作用"在历史上只有少数其他的小

斯托夫人

斯托夫人（1811—1896），出身于牧师家庭，做过教师。她在辛辛那提市住了 18 年，与南部蓄奴的村镇仅一河之隔，这使她有机会接触到逃亡的黑奴。她本人也去过南方，亲自了解那里的情况。奴隶的悲惨遭遇，引起了她深深的同情。《汤姆叔叔的小屋》便是在这样的背景下写出来的。

● 亚伯拉罕·林肯

● 乔赛亚·亨森(1789—1883),汤姆叔叔
的原型

说能够企及"。

　　小说中的伊娃是一个五六岁的白人女孩儿,经常与黑奴们谈论什么是爱、什么是宽恕,她甚至说服了固执的奴隶女孩儿托普西,让她相信自己也应该得到爱,当这位落入凡间的精灵惨死,几乎每个读到此处的读者都忍不住泪流满面,于是在当时的读者中普遍地发生了移情效应,纷纷为自己的孩子起了这个天使般的名字。

　　几十年后人们发现:这本销售量惊人的现实题材小说还有一个影响力同样惊人的副产品——因为斯托夫人认为母性是"所有美国人生活中的道德与伦理模范",并且相信,只有女性才拥有将美国从奴隶制的恶魔手中拯救出来的道德权威;这便是《汤姆叔叔的小屋》中表达出的另一个主题:

Eliza comes to tell Uncle Tom that he is sold and that she is running away to save her child. Page 62.

● 《汤姆叔叔的小屋》插图

女性的道德力量与圣洁。

因为她"重申了女性的重要性"，且影响力巨大，几十年后，这本小说又为女权主义运动铺平了道路。

一本书，在引领时代风气之先的美洲大陆酝酿，它像一只蝴蝶，偶尔扇动几下翅膀，却由此引起一个连锁反应，最终导致全球政治经济系统的极大变化，人类被一种无法阻挡的力量推上了现代化进程的快车道。

除了推进历史，在东方，另一种更温柔，也更持久的读书力量正在形成。这要从另外一本畅销书谈起。这些不同版本的《聊斋志异》，是被译成多种文字，流传在世界各地的珍品。

与《聊斋志异》的成功形成巨大落差的是，它的作者蒲松龄在求取功名的道路上却是一位彻彻底底的失败者，一生热衷科举，却屡试不第，直到71岁才成为岁贡生。

> **Tips** 《聊斋志异》
>
> 《聊斋志异》简称《聊斋》，俗名《鬼狐传》，是中国清代著名小说家蒲松龄创作的文言短篇小说集。全书共有短篇小说491篇。题材广泛，内容丰富，艺术成就很高。作品成功地塑造了众多的艺术典型，人物形象鲜明生动，故事情节曲折离奇，结构布局严谨巧妙，文笔简练，描写细腻，堪称中国古典文言短篇小说的巅峰之作。

●《聊斋志异》的不同版本

● 蒲松龄雕像

为维持生计,蒲松龄在本县西埔村的毕家做了三十多年的塾师。

到毕家的这三十年,对他来讲至关重要。除了他的教学任务,更重要的是应付那些文试,再一个就是藏书楼,对他来讲是一个如饥似渴的学习过程。

（杨海儒　淄博市蒲松龄研究所副所长、研究馆员）

毕家是当地的名门望族,东家毕际有是明末户部尚书毕自严之子,喜欢诗书,家中建有藏书楼。向来酷爱读书的蒲松龄,在这里如鱼得水,教书之余,大部分时间都耗在了藏书楼里。正是在毕家这三十年的教书生涯,为他日后创造文坛神话打下了坚实基础。

据说我老祖到了毕家以后,见到他那万卷楼藏书,可以说,就像鱼得了水一样。他在毕家待了30年,把那万卷楼翻了好几遍。

（蒲章俊　蒲松龄第十一世嫡孙）

蒲松龄有很多故事,就是聊斋故事,还有他写的诗、俚曲、杂著,很多都出自于万卷楼藏书的一些借鉴。所以说，蒲松龄这一生虽然是个穷秀才，但是这座藏书楼，给他提供了丰厚的读书机会。

（盛伟 淄博市蒲松龄研究所首任所长）

● 聊斋

蒲松龄是今天山东省淄博市淄川区蒲家庄人，在依然葆有古风的村街中间，是蒲松龄的出生地和他的书房"聊斋"所在。

离"聊斋"不远处有一个叫作柳泉的地方，据说，当时这里为通衢要道，为了收集创作素材，蒲老先生经常在柳泉道边设座，请往来客人喝茶小憩，谈狐说鬼。他的别号"柳泉居士"也因此得名。

《聊斋志异》问世后，上至宫廷大夫，下至市井妇孺，无不啧啧称奇。日后曾获诺贝尔文学奖又

● 蒲松龄故居柳泉

● 蒲松龄墓

● 李时珍画像

同为山东人的莫言曾评价说："一部聊斋传千古，十万进士化尘埃。"这或许是上天对蒲松龄的另一种成就，假如不是科场失意，柳泉边怎会有一位煮茶待客的老者，聊斋里又何来那许多神游四方的想象呢？

鲜为人知的是，除了写妖狐鬼怪，蒲松龄还写了《日用俗字》《农桑经》《历字文》等一批杂著，从这些书名不难看出，都是些文化普及读物。蒲松龄用这种方式回馈这片生他养他、给予他写作灵感的故土上的人们。

在中国历史上，还有许多的读书人像蒲松龄一样，虽然不曾登科及第，体验骑马跨街的荣耀，但他们却在仕途之外走自己的路，建功立业，名垂史册。比如医药巨匠李时珍、文坛奇才吴敬梓等。

我们看到这样一些科学家，包括一些著名的诗人是放弃科举的，而且往往是在科举不成功之后，他们痛定思痛，觉得我不要在那一条路走下去了，我另辟蹊径，照样会有所成就，根据自己的兴趣和爱好来做。中国历史上很多大的自然科学家、医学家，包括李白、杜甫这些著名的诗人都是这样的，在科举上，仕途上碰壁甚至绝望之后，他们死地而后生，才能迸发，卓然成为一个大家。

（刘玉堂　湖北社会科学院副院长、研究员）

即使没有成名成家，那些散落在民间的落第者和读书人，形成了古代中国社会功能独到的乡绅阶层，成为维持社会秩序、传承文化脉系和广泛开启民智的重要力量。

乡绅是什么呢？我想到一个比喻，就是整个中国社会网络结构中的小池塘、蓄水池、小水库，他对上可以减轻压力，老百姓有意见了什么，反映到他那，他集中起来，比较理想化地梳理，然后可能用比较理智的话去向上反映；上面有命令下来了，他也会把那些干巴巴的条例转化为哥们弟兄的语言来贯彻，对上对下，它起这么一个作用，减压法。那么对内，因为乡绅是文化的代言人，他用道德，用教育，把村民，村社文化中最底层的人物凝聚在一起，其实是功不可没的。

（肖云儒　著名文化学者）

乡绅阶层对于中国几千年的科举制度下的国家稳定，应该是起了很大作用的。因为这么大一个国家，皇帝不可能什么东西都亲自来管理。

（邓晓芒　华中科技大学教授）

● 吴敬梓画像

● 李白画像

● 杜甫画像

● 同里古镇

"出之为士，退之为绅。"绅是一方的领袖，在社会文化之间也起一个相当承转的作用。

（王先明　南开大学教授）

　　曾经有人列出两份名单，一份是金榜题名风光一时的状元，另一份却是科举落第转而发展个人兴趣，并在各自领域有所建树的秀才。回首千年历史，那些活跃于乡间，或教书育人，或救死扶伤，或著述传世的落第者，无形之中影响着中国最广大的群体，其中不乏李渔、洪昇、顾炎武、金圣叹、黄宗羲、吴敬梓、蒲松龄这样自成一派的大家。他们用读书人的视野和胸怀构建起中华文明宽厚深广的底盘，成为这个古老文明虽历经风雨却绵延不断的坚强支撑。

3 长盛的家族

这是一本似乎蕴含着神奇魔力的家训，它缔造了中国历史上一个绵延千年的家族，成就了这个家族中数以百计的科学家、文学家、政治家。虽然通篇不过532个字，但它却包含着一个家族长盛不衰的神奇秘诀。

钱镠，是这部家训的起拟者。他的势力在唐末乱世中崛起于临安，后来建立了五代十国中的吴越国，死后谥号武肃王，在江浙地区又被称为钱王。

● 钱镠画像

钱王原来也是个农民，后来贩过盐，参过军。但是参军以后，他武功很好，打仗很勇敢。他在短短几年中间，立了很多功。当时的皇帝就给他封了什么节度使啊，还有什么王啊，封了一堆。到最后，就封他为吴王。

（钱铮　无锡钱氏研究会副会长兼秘书长）

戎马一生的钱镠临终前给后世子孙留下了这部《钱氏家训》，内容分为个人、家庭、社会、国家四大部分，对钱氏子孙立身处世、持家治国的思想行为，进行了全面的规范和教诲。

● 无锡《钱氏家训》

● 钱氏祠堂

《钱氏家训》是一部无价的宝典，是钱家先祖后唐时期吴越国王钱镠留给子孙的精神遗产。分个人篇、家庭篇、社会篇和国家篇，对钱氏子孙立身处世、持家治国的思想行为，作了全面的规范和教诲。《钱氏家训》不只是钱氏后人的行为准则，更是留给每个中国人的宝贵精神遗产，是我们每一个中国人都应该认真学习的成长训言。

这是我们的家训，当时都要背的，凡是读过书的人都要背，你不背要罚跪的。我父亲就罚过跪，背不出来就是罚跪。

（钱煜 钱穆钱伟长故居馆长）

他在家训中有一句很有名的话，叫"子孙虽愚，经书不可不读"。就是子孙不管怎么笨，不管他天赋如何，你一定要叫他读书，经书不可不读。

（钱铮 无锡钱氏研究会副会长兼秘书长
钱王第三十六世孙）

家庭教育在中国文化中，是一个最基本的教育，走向社会之前，我们就是靠家庭教育。千百

🔸 钱穆钱伟长故居

年来，我们的家训、家教积累了这样的一种文化。

（郭齐勇　武汉大学国学院院长
中国哲学史学会副会长）

"子孙虽愚，诗书须读"，是钱镠对每一个后世子孙的要求。为了真正能做到让每一个家族成员都有书可读，他在《钱氏家训》中还专门提出了解决办法，"家富提携宗族，置义塾与公田，岁饥赈济亲朋，筹仁浆与义粟"。

我们各个房派，都是办私塾的，这个资金，就是从一个公田，我们农村里面叫营田营产，从这里出钱，来办私塾。

（钱跃进）

钱镠留给子孙的训诫，被他的后代子孙严格遵守，一直以来，钱氏家族都以义庄的方式保障着

🔸 钱穆

青年时代的钱伟长

1940 年钱伟长与亲友合影（前排中钱穆，前排右钱伟长）

钱穆和钱伟长

族人读书的权利。

1895 年，钱穆出生在江苏无锡的这所钱氏老宅中。12 岁时钱穆的父亲撒手尘世，虽然孤儿寡母，家境贫困，但他的母亲却宁愿忍受孤苦，也不让钱穆辍学。她说："我当遵先夫遗志，为钱家保留读书的种子。"

本来人家介绍他去学生意，等于做买卖，不要读书了。但是他的母亲就说，我们钱家就只剩下他了，还是给钱家留下一颗读书的种子吧。就这样没有让钱穆去学小生意，手艺什么的，就让他读书。

（钱铮 无锡钱氏研究会副会长兼秘书长）

在母亲的坚持和家族义庄的资助下，钱穆得到了继续读书的机会，而他也对这个机会分外珍惜。

命运似乎有意要苦其心志，1911 年，因为辛亥革命爆发，钱穆就读的中学停办，钱穆无奈辍学。辍学之后，钱穆并没有放下手中的书卷，依然孜孜以求，刻苦自学。而在这期间，曾经的不幸却再次降临到侄儿钱伟长的身上。

1928 年，15 岁的钱伟长刚刚考取苏州中学高中部一个月，父亲就得急症去世，面对突如其来的家庭变故，钱伟长被迫辍学回家。此时钱伟长的四叔钱穆已经在一所中学教书，闻知此事后表态，要资助侄儿读书直至送入大学。之后几年，钱穆不仅用自己微薄的薪水资助钱伟长读书，还每月为钱伟长的母亲和弟弟妹妹一家人提供生活费。

钱穆当时已经在高中教书了，所以钱伟长就跟着钱穆，一直跟到毕业。

（钱煜 钱穆钱伟长故居馆长）

1930年，一直坚持自学的钱穆因发表《刘向歆父子年谱》成名，被顾颉刚推荐为燕京大学国文讲师，第二年，"文史高才生"钱伟长也考入清华大学。

钱伟长大概考取了六所大学，都要他去。钱穆就关照他，选择去清华。因为清华是我们国内最好的大学。

（钱煜 钱穆钱伟长故居馆长）

● 钱玄同

这对钱氏叔侄在此后的人生道路上各自取得了骄人的成就，钱穆辗转任教于多所著名大学，数十年笔耕不辍、著作等身，终成一代国学大师。而钱伟长则弃文学理，后来又如愿从事航空航天领域的研究工作，参与火箭和导弹试验，成为中国近代力学之父、应用数学之父。

正是家族的读书传统成就了这对叔侄精彩辉煌的人生。而纵观整个钱氏家族，历朝历代都不乏成大业者。到了近代，钱家更是出现了人才"井喷"的现象，除了钱穆、钱伟长叔侄，新文化运动的倡导者之一钱玄同，科学界"三钱"中的另外两位钱学森、钱三强，学贯中西的钱钟书，诺贝尔化学奖得主钱永健等等，都是钱镠后人。有人曾用"一个诺奖、二位外交家、三大科学家、四个国学大师、五位全国政协副主席、十八位两院院士"来形容钱氏的子孙鼎盛。

据不完全统计，时至当代，从钱氏家族走出来的科学院院士就有100多人，分布在世界50多个国家和地区。

中国的文化里有一种学问叫家学，我们也经常说叫家学渊源。搞中国文

● 钱钟书与钱基博

● 钱永健

● 嵊州钱氏族谱

"三钱"，是指中国导弹之父钱学森、中国力学之父钱伟长、中国原子弹之父钱三强，最初是由毛泽东主席喊出的"别号"。1956 年制定规划了中国第一次 12 年科学规划，钱学森、钱伟长和钱三强三人一起，被周恩来总理称为中国科技界的"三钱"。"三钱"是中国科坛的杰出人物，也是世界顶尖的科学大家。为给中国撑起一片安全的天空，他们做出了卓越的贡献。

化的人都明白，这种家族的伦理，家族的价值观，家族的思想传承。家学渊源，是我们文化传承非常重要的部分，值得深入去研究。

（韩鹏杰　西安交通大学教授）

浙江省嵊州市长乐镇，是目前钱镠后裔在全国聚居最集中、人口最多的地方。

今天，是长乐镇钱氏家族重修族谱的日子，在一系列重要的纪念活动之前，最先举行的是族中的长辈带领孩子们集体背诵《钱氏家训》。

在物竞天择的人生面前，多少知识分子出将入相之梦以失败告终，当

● 孩子们集体背诵《钱氏族谱》

他们忧愤地选择在书斋中发出自己微弱的声音，却由此为一个古老民族打开了一扇天窗，开启了全新的时代。

　　书籍有时柔弱，禁不起风吹雨淋、鼠咬虫蛀；书籍有时又雷霆万钧、威力无比，以至于不断被最有权势的人用最彻底的方式摧毁，然而书籍拥有一种挣脱束缚的力量，用"看不见的手"悄然改变着人生，推进着历史。

Super Access
超级访问

郭齐勇（武汉大学国学院院长，中国哲学史学会副会长）

王先明（南开大学教授）

任桂全（绍兴历史文化学者《绍兴市志》总纂、研究员）

钱　铮（无锡钱氏研究会副会长兼秘书长，钱王第三十六世孙）

钱　煜（无锡钱镠研究会副会长，钱穆钱伟长故居馆长，钱伟长堂侄，钱王第三十六世孙）

姚富坤（江苏苏州吴江开弦弓村村民）

陈玉能（浠水县历史文化学者）

裘士雄（绍兴鲁迅纪念馆原馆长、研究员）

刘　静（深圳优秀阅读推广人）

袁本阳（深圳优秀阅读推广人）

当我们读书时，我们在读什么？

1.您认为，现代中国人最需要什么样的阅读呢？

郭齐勇：我们中学下乡的时候，虽然是学问饥荒的时代，但我们读西方的经典，读中国的经典，特别是读了很多小说，苏俄的小说，托尔斯泰、肖洛霍夫，法国的雨果，英国的司汤达等等。

现在我们的孩子很聪明，特别是学理工的孩子，由于高中就分科了，所以他们的语文基础、国文基础很差。因此我觉得要特别注重这方面的阅读。

国文基础的一个体现就是家训文化。在中国古代，看一个人有没有家教，就能看出他的家族是否有家训文化。即便是现在，你如果说一个人没有家教，他可能也要发怒的。所以家庭教育，在中国文化中是一个最基本的教育。有名的家训如《治家格言》《朱子家训》等。《朱子家训》在全世界印刷量是最大的，但它很简易，一两页纸，一两千字。像"勿以善小而不为，勿以恶小而为之"这类的家训格言，都是千百年来，我们的家训、家教文化中所积累的东西。

这种家训文化主要就是要培养我们的孩子，我们的后代。这也是中国非常厚重的一个文化底蕴。

2.您认为，读书会形成某种家学，甚而社会风气吗？文化人在当地阅读史上是否有示范效应呢？

王先明： 传统中国有个阶层叫乡绅。主要是科举及第未仕或落第的士子、当地较有文化的中小地主、退休回乡或长期赋闲居乡养病的中小官吏、宗族元老等等。这些都是读书人，都是有文化的。他们出之为士，退之为绅。发达了可以当官，衣锦还乡以后可以为绅，在整个社会和文化的结构中间起了一个承转的作用。

传统中国等级森严，普通贫民是不能见官的，那么老百姓或者地方社会的诉求靠什么来传达给官府呢？乡绅。乡绅可以见官不跪，他是民众的代言人，同时也是官府的传达者。官府方面有些诉求传达不可能面向每一个老百姓，它又靠什么？就靠乡绅。乡绅在官民之间，在国家与社会之间扮演着一个桥梁整合的作用，这是别的人替代不了的。

在中国古代，一个人一生发展的关键点上，如满月酒、成人礼、婚典等，一定都有乡绅存在。乡绅是整个社会模板中可复制的基本元素或基因，既传承文化又复制社会模板，使得我们整个社会文化的演变，在这种传承、延续的过程中，逐步向前推进和发展。

我曾考察过山西很多乡村，一个人仅仅有财富是成不了地方绅士的，他必须对地方社会有相当的捐助，获得村民或地方居住人的认同，威望有了提升，最后才能进入乡绅的行列。可见乡绅并非徒有虚名，它其实是教育和文化中一个非常良好的代表。我们看电视剧看文学小说，古代人对于乡绅是非常尊敬的。很多人家教育孩子，都希望他将来能为官为绅，这就是一种非常好的社会风气。

这种对乡绅的尊敬，恰恰反映出文化的传承。而真正具有持久的传承和影响力的文化，就是读书。只有读书，才能将这个耕读之家的基本社会模板固定化，一代又一代传递下去，这应该是中国文化的一个特色。

任桂全：绍兴是个非常好的地方。我编《绍兴史志》的时候，做过一个统计：从唐以来到清末，绍兴有 2300 多名进士，28 名文武状元，状元、榜眼和探花的数目将近 50 名。其中仅明朝一个朝就有 600 多名进士，清朝是 700 多名。

之所以能出这么多人才，跟绍兴当地的文化密不可分，而这里面不得不提的，就是绍兴的师爷。

绍兴的师爷们，为我们这里的文化做出了很大贡献。你看古代在衙门里，有重要事情要办，靠谁来办？靠师爷。比方验明案件啊，什么吏治的，都是师爷来办，师爷在衙门里面是做具体事情的。

师爷不会抛头露面，多数时候是在背后做实际工作的。也就是说，他不能跟主公抢风头，这就要求他在性格上要会察言观色，要能适应各种复杂的问题，非常机灵。在这样一个特殊的关系当中，他就必须要有实际的办事原则。

绍兴师爷长期形成的这种性格，在绍兴人中慢慢产生了影响。所以凡是绍兴人，身上总有这么一种师爷的味道。可见，这些从读书走出来的师爷们，无形中也引领了社会的一种习性。

钱铮：我们钱氏家族的历史上，有个很有名的人叫钱王。为什么叫钱王呢？据说他原来是个农民，后来贩过盐，参过军。因为他从小练武，打仗又很勇敢，所以在军队里立了很多功，被皇帝封了很多官衔，什么节度使、什么王啊，封了一堆。所以就叫他钱王。

钱王留下了三部重要家训，一个叫《武肃王遗训》，一个叫《武肃王八训》，还有一个叫《钱氏家训》。在《钱氏家训》中，他说过一句很有名的话，叫"子孙虽愚，诗书须读"。就是说再笨的子孙，不管他天赋如何，都一定要叫他读书。不可不读书，这就是钱王留给我们钱氏家族的教训。

从那以后，我们钱氏子孙后代都把读书作为一个很重要的方面来抓。一个是读书，一个是农耕，就是耕读世家。这成了当时钱氏后裔的两大主要项目。

钱穆的父亲一生做过很多大学的教授。什么上海大同大学、西南联大等等，最后好像是在华中师范大学。他酷爱读书，藏书达五万册，后来这些书都捐给了华中师范大学。不光是他，钱氏家族的几位国学大师，家里的藏书都很多。可见钱氏家族的很多子孙，都是喜欢读书的。钱伟长、钱钟书，每一个有名气的钱氏后裔，你如果要问他成才的原因，他一定会说读书是成才之路。

钱钟书，从他的名字来看，就跟书有分不开的联系。因为他一百天的时候，家里人让他抓阄，一般小孩都会抓好玩好吃的东西，他却偏偏抓了一本书。所以他父亲说，你喜欢书，就叫钟书吧。钟就是钟爱的意思。

现在我们无锡，两院院士大概有 80 多个，我们钱氏家族就占了十个，这个数量是很厉害的。

在我们乐山县的一个巷子里面，有 100 多家人家。这 100 多户人家，大部分都姓钱，其中就有六个钱氏企业家。这些企业家捐出了几百万元，作为一个助贫基金，不光资助姓钱的，也资助那些家庭经济困难或家里有人生重病的非钱氏读书人。

一个钱王，一本《钱氏家训》，传承了几百年，到现在形成了我们家族甚至我们这个地方的读书文化，这种影响估计钱王当时都没有想到。

钱煜： 我们的家训上面，有"礼义廉耻，孝悌忠训"这八个字，还有武王的遗训。这些都是要背的，凡是读过书的都要背，不背就要罚跪。就是说，"子孙虽愚，诗书须读"。子孙虽然愚蠢，但一定要读诗书。

家训的这种影响，一代代传下来，有很强的带动性。钱穆先生就受他的父亲、他的爷爷的影响很大。他的祖父是一个秀才，很用功，夏天读书把两个脚伸在两个坛子里面。为什么呢？因为蚊子多，这样他就不用暂停读书来驱赶脚上的蚊子了。祖父这样，钱穆都看在眼里。这种榜样力量是很大的。

钱伟长也是一样。他考上高中的时候，父亲去世了，他就跟着钱穆。钱穆当时已经在高中教书了，所以钱伟长就跟着钱穆一直跟到毕业。毕业后，钱伟长一共考取了六所大学，但钱穆让他到清华去，说清华是我们国内最好的大学，他就去清华了。你看，这就是代代相传的过程，是文化很重要的一个传承。

姚富坤：我们这里的老百姓是非常崇拜费孝通先生的，因为他有文化，老百姓推崇有文化的人。

费孝通小时候，他奶奶总是把他写的纸条收集起来，放进葫芦里化掉。有种说法，她这么做，是为了化掉以后让费孝通能够真正记在心里。

要知道，过去老百姓的生活相当艰苦，特别在解放以前，我们这些人虽然想读书但读不上书，所以对读书人相当崇拜，所有有文化的人都要称为先生。我们村上的村长之类，只有中学水平，但已经不得了了，帮人家写信等等。因为这些事情都是通过读书人来解决的，所以老百姓都向往学文化，但是没有这个能力。

费孝通当时就是这样一个人。到这里来的人都称他先生，很崇拜他。因为他头脑里装的东西多，所以说出话来都带一些故事。因为读书，他在家里就能够知道天下的事。老百姓崇拜他，其实就是崇拜文化，崇拜读书。也正因为这种崇拜，越来越多家庭哪怕很贫穷了，都要让孩子去读书。

陈玉能：闻一多的家族是我们当地的乡绅家庭，也是读书人。他家里过去有自办的私塾，也有藏书楼。家族里所有的孩子，长到四五岁时，就要到私塾里去读书。他们家族的藏书楼里有大量的古籍，孩子们可以在这里尽情阅读，由此形成非常好的阅读习惯。

闻家一向重视读书。除了在家庭里办私塾，他们还在外面办学校。辛亥革命之后，各地兴办新学。当时闻家在武昌有生意，很多子女都在武昌，为了让他们能接受更好的教育，闻家人就在武昌办了一个新学。这样一来，闻家的孩子从家里的私塾出来之后，就可以在武昌继续读书，形成了非常好的教育体系。闻一多也是到武昌去读了四年书，才考取清华的。

裘士雄：绍兴历史上有一个很好的风气，那就是尊师重教。你到绍兴乡下去，很多家庭的门楣上方，现在还可以看到"诗书传家"的字样。很多绍兴人都把这句话当作传家的一种座右铭，让子孙去好好读书，通过读书掌握知识，来改变自己的命运，改变自己的生活。

最典型的例子是鲁迅。鲁迅从小就爱读书，他几乎就是读书、研书、买书、抄书，到后来就写书。他的一生是跟读书紧密联系在一起的。据说有一阵子鲁迅搜文章读时，他的远方堂叔警告他说，不要去看康有为、梁启超的书，他们都是犯上作乱不好的。但鲁迅照样看这种书，从而接触了新学，接触了达尔文的进化论思想。可以说，正是这段时间对达尔文进化论乃至西方书籍的阅读，鲁迅形成了自己坚决的思想武器。所以说，一个地方能出一个这样的读书人，这个地方的文化一定会重视读书，一定是有阅读传统的。

3.您认为，推广纸质阅读有何意义？

刘静： 我觉得现在很多家长有个误解，认为学校里肯定会教孩子阅读的，所以家庭里做不做无所谓。还有一种比较常见的误解，是说读书是一件很辛苦的事情，孩子在学校里边学习任务已经很繁重了，那么在课下就不要让他再去读书了。实际上这两种都是误解。

在学校里，阅读和考试是紧密相连的。因此老师只会推荐跟考试有关的书籍。而读书很辛苦的说法，其实站不住脚，因为阅读书籍其实是一件很有乐趣的事情。我们现在给孩子读的书，很多孩子都很喜欢，翻来覆去地看。每晚睡觉时，都得让讲三五遍才肯睡觉。这说明书的内容很吸引他，非常新奇有趣。

我们现在已经形成了整个班级的阅读推广。像我们班，每个星期会举行一次故事会，利用早读 20 分钟的时间，带孩子一起读一到两本书，读完之后，我们还有图书漂流。每个星期漂流一次，然后让孩子带着三本书回家去看，看完下个星期再漂。我们还设了图书角，把一些书放在班上，方便孩子休息时可以拿书来看，这就形成了一个立体的阅读活动。

手机、电脑、电视对孩子最大的影响在于即时的刺激性很强，感官上的刺激和满足强于纸质书。所以当孩子面对手机和一本书时，往往会选择手机。但随着对孩子阅读兴趣和习惯的培养，我们发现，孩子已经形成了非常稳定的阅读习惯。他们的习惯就是，如果我有空余时间，我会去看看书，出去旅行的时候，或者出去玩的时候，也会习惯性在包里放一些书。这是一种自然而然的选择。

一旦孩子形成了良好的阅读习惯，他就会自觉抵制手机、电脑的侵蚀，不再一味把时间花费在这些东西上，而是随时随地拿起一本书阅读，从书中汲取营养。这样一来，孩子就不会染上网瘾或其他心理疾病，而会健康积极的生长。

袁本阳： 根据我的经验，一个人如果小时候爱读书，长大了也一定爱读书。反过来，如果从小就不爱读书，长大以后也不会爱读书。这时候你想把他变成一个爱读书的人，是很困难的。所以，最好的办法就是让他小时候就爱读书，这样读书的习惯就会伴随他一生。

从小培养孩子阅读的意义在于，他自己是一个读者之后，他的下一代也会受他的影响而成为读者，以此类推，阅读这件事就会在社会上一代代传下去，延续到子子孙孙。当然，这需要一个长期的过程。从幼儿园、学校开始，然后经过很多年的努力，把整个一代人的阅读习惯改变以后，这个城市自然而然会变成一个很大的爱阅读的群体。

电子读物提供给孩子们的，是碎片化的信息，而且是海量信息。就像现在很多人提倡，让孩子背一个 iPad 去上学。在我看来，这等同于把一个巨量的媒体承载物交给了孩子。我们成年人都还没有一个很好的、很合适的方式来选择和过滤海量信息，以避免自己被淹死，孩子又怎么能做到呢？所以，我还是建议，小孩子在小的时候，要让他读纸质的读物。

面对海量的信息洪水，在某些时候，第一我们要尽量保证自己不被淹死，然后在力所能及的情况下，教孩子一些方法，告诉他怎样去避免呛水，避免自己被洪水卷走。

Book Remarks

书里有话

经世致用的中华读书观

众多周知，全世界、全人类的文明几乎都囊括在书籍中。书籍一直充当着人类精神文明的承继者，为社会的发展提供了不可或缺的知识、情感、经验等资源。翻开薄薄的书页，你就会像爱丽丝掉入兔子洞一样，坠入文字构筑的神奇世界中，领略万千风光，感受世间百态。

俗话说：一千个人眼中有一千个哈姆雷特。作为大自然最富智慧的高等生灵，人类一直以个体的独立思考性存在于世上。受生活环境、文化、政治等多方面限制，不同地区的人们也往往有着不同的读书观念。

在中国，大规模的阅读大抵可以从隋朝开始。在此之前，书籍大多珍藏于宫廷和官府，普通人难以接触，再加上柴米油盐酱醋茶的生活与读书相去甚远，因此阅读一直游离在人们的生活之外。而公元605年发生的一件事，却彻底改变了这一局面。

隋朝大业元年（公元605年），隋文帝为了扩大封建统治阶级参与政权的要求，把选拔官吏的权力收归中央，开始采用分科考试的方式选拔官员，科举制度就此产生。此后的1300年间，这个制度深刻影响着历代中国人，也主导了中华大地莘莘学子的读书观。

科举制的立足点是从民间选拔人才。相对于世袭、举荐等选才制度，科举考试无疑更公平、公开及公正。而从宋代开始，科举做到了不论出身、贫富皆可参加。这样不仅大大扩宽了政府选拔人才的基础，也让众多身处社会中下阶层的知识分子，有机会透过科考向社会上层流动。明清两朝的进士中，就有近半数是祖上没有读书、或有读书但未做官的"寒门"出身。

这些"寒门子弟"只要"一登龙门",便自然能"身价十倍",一举成名,光宗耀祖。

科举制改变了中国人的读书观念,促使更多平民开始走上读书求学的道路。北宋著名学者汪洙在《神童诗》中写道"万般皆下品,惟有读书高",意思是所有行业都是低贱的,只有读书才是正途。由此可见人们对读书的重视。

然而,这种为功名而求学的制度也禁锢了人们的思想,使读书变成了一件功利性很强的事情。凿壁偷光、悬梁刺股、冬寒抱冰、夏热握火……数不清的读书人为了一纸文书而熬夜苦读,十年寒苦,有些人甚至终其一生也未能高中,抱憾终身!而这读书为的究竟是什么呢?是"春风得意马蹄疾,一日看尽长安花"的扬眉吐气;是"一日从此始,相望青云端"的雄心抱负;是"十年寒窗苦,一朝成名时"的内心渴望。说到底,就是为了一个功名。

纵观自隋朝以来的中国古代史,读书人前赴后继在科举考场上,高中者喜极而泣,不中者黯然垂泪。有人欢喜有人忧的科举大道,为封建王朝贡献了一代代贤臣良将,也引领了千年的读书风气,为中国的读书人划定了一道相对狭窄的读书路。

1840年,鸦片战争爆发。西方世界的坚船利炮轰开了古老中国的大门。1897年,天津出版的《国闻汇编》刊出了学者严复翻译的英国生物学家赫胥黎所著的《天演论》,引起巨大轰动。自此,西方先进思想开始像潮水一般涌入中国,统治中国读书人千年之久的科举制度土崩瓦解,新的读书观念在年轻人火热的思潮中萌芽壮大。

孙中山先生说"我一生的嗜好,除了革命之外,就是读书。我一天不读书,就不能够生活";周恩来发出了"为中华之崛起而读书"的呐喊;鲁迅弃医从文,为的是"改良社会和人生";教育家陶行知告诉人们"千教万教教人求真,千学万学学做真人";林语堂说"智者阅读群书,亦阅历人生"……无数读书人为了中华民族之复兴,潜心向学,汲取智慧和力量,投身于社会现代化建设之中。

2000年,深圳市委市政府创立并举办了一项大型综合性群众读书文化活动——深圳读书月,时间为每年的11月1日至30日。

至此,经世致用的中华读书观又踏上了一段自主、自由的新历程。

伍 >>>>

全民阅读

　　国际阅读协会在一份报告中指出,阅读能力的高低直接影响到一个国家和民族的未来。对于一个有着五千年文明传承的国家来说,阅读现状的对比令人汗颜,当"牛角挂书"的动人情景再也找不到栖身之所时,我们必须正视实际上已经存在的"阅读危机"。

"即使我不为'微阅读'唱赞歌,它也一样会来临。"从微博、微信、微小说到微电影、微旅行、微阅读,人们已无时无刻不被"微生活"所包围。技术的变革让曾经的奢侈品变得唾手可得,有人甚至戏称:阅读纸质书已经是一种"史前习惯"了,但事实远不像人们想象的那么简单。

● ● ● ● ● ●

2013年春,115位全国政协委员联名签署并提交了《关于制定实施国家全民阅读战略的提案》,该《提案》提出建议,由全国人大制定《全民阅读法》,国务院制定《全民阅读条例》。消息传出,民众反应强烈,许多人都不明白,读书是一件私人的事情,为何却需要国家来立法。

中国是一个有着悠久阅读历史的国家,造纸术和印刷术的发明曾奠定了现代书籍的坚实基础,"开卷有益""腹有诗书气自华"等流传千年的词句体现着中华民族对于读书的褒奖和赞誉。但是,当现代科技这把双刃剑迎面劈来的时候,我们又该如何应对。

● 朱永新和孩子们一起看书

Tips　朱永新

朱永新:1958年8月生,江苏大丰人,中国民主促进会中央委员会副主席,第十二届全国政协副秘书长、常务委员会委员。中国教育学会副会长,中国叶圣陶研究会副会长兼秘书长,新教育实验发起人。

● 武汉崇文书城

● 湖北省图书馆

● 福田图书馆

1

数字阅读

"L"、"O" 这两个英文字母被看作是人类历史上一个时代的开端。1969 年 10 月，计算机科学家 Leonard K 教授在洛杉矶一台老式电脑上向在旧金山的同事发出了世界上的第一封电子邮件，由于技术缺陷，虽然这封邮件只发出了这两个字母，却被很多人视为互联网诞生的标志性事件。

没有书籍的阅览室，这在从前听起来简直是天方夜谭，但是现在，通过一台小小的显示器，人们就把不可能变成了可能。不仅如此，通过随身携带的平板电脑和手机，我们甚至可以在任何时间、任何地点进行阅读。一个无可争议的事实是：新的阅读时代已经到来了。

电子传播使得人类文明、人类信息的传播大大地提高了。现在几十年的文明的积累，可以说是超过了几千年。

（孙绍振　福建师范大学文学院教授）

随着社会的发展，我们数字化文献的覆盖面会越来越大。将来我们新一代的年轻人，用数字

● 微博与微信

Tips　　微　博

微博（Weibo），微型博客（Micro Blog）的简称，即一句话博客，是一种通过关注机制分享简短实时信息的广播式的社交网络平台。2014 年 3 月 27 日，中国微博领域一枝独秀的新浪微博宣布改名为"微博"，并推出了新的 LOGO 标识，新浪色彩逐步淡化。

Tips　　微　信

微信（wechat），腾讯公司于 2011 年 1 月 21 日推出了一个为智能终端提供即时通信服务的免费应用程序。支持跨通信运营商，跨操作系统平台，通过网络快速发送免费（消耗少量网络流量）的语音短信、视频、图片和文字，同时，也可以使用通过共享媒体内容的资料和基于位置的社交插件"摇一摇""漂流瓶""朋友圈""公众平台""语音记事本"等服务插件。

 电子书阅读器和手机阅读

电子书阅读器

电子书阅读器：(e-book de-vice) 是一种浏览电子图书的工具。

手机阅读

手机阅读：中国移动向用户提供的以在线和下载为主要阅读方式的自有增值业务。随着智能移动通信设备的成熟完善，手机阅读逐渐成为一种趋势和潮流。

电子邮件

化文献,用电子文献也会越来越多,这个趋势难以阻挡。

（吴　晞　深圳图书馆原馆长
深圳图书情报学会理事长）

有人把世界上第一封电子邮件中的"L"和"O"分解为英文的两个单词"love"和"obfuscation",它们的含义分别是"喜爱"和"迷乱",以此来表现我们面对互联网带来的信息爆炸时的那份特别的心情。

现在是信息过盛，你的时间精力没有比以前更多，一天仍然只有 24 小时，可是信息比以前增加了多少倍，怎么受得了那么多信息对你的轰炸啊。

（江晓原　上海交通大学教授）

这个信息洪流爆发的时候，大部分人是淹死的,因为没有应对的机制。

（袁本阳　深圳优秀阅读推广人）

当知识爆炸的时候我们怎么解决博和精的问题,怎么不被外在的知识裹胁着淹没着,怎么还能够有一个主体的我在,要来读,我想这是今后一段时间大家共同的任务。

（陈　洪　南开大学文学院教授）

"即使我不为'微阅读'唱赞歌，它也一样会来临。"从微博、微信、微小说到微电影、微旅行、微阅读，人们已无时无刻不被"微生活"所包围。技术的变革让曾经的奢侈品变得唾手可得，有人甚至戏称:阅读纸质书已经是一种"史前习惯"了,但事实远不像人们想象的那么简单。

2012 年圣诞，美国总统奥巴马像很多美国人一样带着女儿前往一度备受冷落的实体书店，开始了圣诞购物。在 E 时代数字化阅读纵横江湖似乎势不可挡之际，阅读却以耐人寻味的方式展现着极其复杂的变化，连一向嗅觉敏锐的互联网巨头们也不免在这个问题上多摔了几个跟头。

● 奥巴马带女儿逛书店

电子书曾在 2000 年左右火爆一时，但 3 年之后很多著名品牌就退出了这场难得利润的厮杀。阅读是什么？人们希望与他人分享、希望将它们传给自己的孩子。于是，耐人寻味的一幕出现了：盘古搜索客户端在图书频道新增了一项"即拍即搜"功能，为人们购买纸质图书提供技术支持，愈来愈多不同的购书、选书方式让纸质图书销售回暖。

● 书店陈列电子书

同时，越来越多的传统书店在出售漂亮的精装本的同时，也已经开始代售电子书阅读器。传统书店走过电视时代，走过大型连锁书店时代，在数字时代，它继续以独特的方式传递知识与文化。

当我们停下来仔细思考，就会发现一个匪夷所思的现实：人类的技术水平虽然飞速发展，思维能力却并无明显提高。你可以发现亚里士多德关于物理的理论在现在看来是多么的幼稚，但是他的哲学理论却无法轻易否定。我们仍然没有走出轴心时代的光环，每当人类社会面临危机或新的飞跃，我们总要回过头去，看看轴心时代的先哲们

● 人们阅读纸质书和电子书

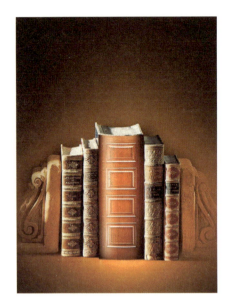

● 精装书

是怎么说的。

国外有研究者指出，电子阅读更像是英文字母"F"型的一种阅读模式，就是说在人们阅读的过程中会不断地伴随各种干扰和枝杈，让阅读很难完整系统地进行下去。

所谓的数字阅读也好，电子阅读也好，还是一种体验式的阅读，一种比较浅的，碎片化的阅读。

（张岩　深圳图书馆馆长）

信息时代的信息传播很重要的特点，三个字：短、平、快。我们叫大数据时代，所谓大数据就是海量信息。在这海量信息当中，不乏泡沫，尤其是存在着比较严重的碎片化的内容，它不系统，缺乏一种对客观事物深沉的、系统的观照和探求。

（常修泽　清华大学中国经济研究中心研究员）

信息点对点，从这个点到那个点，不能构成一个知识的谱系，也不能带来整个的文化的力量，逻辑的力量，历史的力量，那种从社会的深层次的精神莅临。

（黄健　浙江大学教授）

我们热衷于看手机，热衷于在网上阅读，导致大脑懒惰，不想思考问题，既而导致思维迟钝，思维迟钝又导致思想苍白。一个没有思想的民族是一个没有前途的民族。

（刘玉堂　湖北省社会科学院副院长、研究员）

中国——在 5000 年书籍史中始终引领潮流

的阅读大国，在 21 世纪之初，阅读的神话面临冲击。然而，在双子塔倒下的同时，美国总统乔治·布什却正在佛罗里达州一所小学里给小学生们诵读《我的宠物山羊》，听到恐怖袭击的消息，他甚至犹豫了一下，究竟是该继续读完作品，还是要立即处理突发事件。这是 1997 年克林顿政府提出"美国阅读挑战计划"之后，总统们身体力行的其中一幕。

当我们把视角稍稍拉开，就会注意到一个共同现象：在北欧国家，为了让广大青少年在 12 岁到 15 岁期间依然保持对图书的兴趣、顺利度过青春期，政府官员和社会名人经常深入学校，组织中学生举行隆重的阅读仪式。

德国的一项研究表明，一个人在 13 岁，最迟 15 岁前，如果养不成阅读的习惯和对书籍的感情，那么他今后的一生中，将很难再从阅读中找到乐趣，阅读的大门可能会永远对他关闭。纵观那些在各个领域声名显赫的大家，大多是在十五六岁以前，就已经养成了良好的阅读习惯，完成了丰富的文化积累，这种"童子功"的奠基性力量是很难靠青年以后的努力进行对等弥补的。

德国促进阅读基金会理事长海因里希·克雷比施说："给孩子读书和讲故事，是最不复杂，也是最合算的对未来的投资。"

以前人们有私塾，很多人很小的时候，国学方面积累已经相当深厚了。近现代的这批学者，他们小的时候，在《四书》中学习，有一个重要的内容

● 在给学生们读书时，小布什突然听闻 9·11 噩耗

● 读书的儿童

● 读书从娃娃抓起

● 读书从娃娃抓起

就是背经典。

（韩鹏杰　西安交通大学人文学院哲学系教授）

一个人学习最好的时间段是在小学、中学、大学这一段时间。也就是说在 20 岁以前你可以全身心地用在学习上。这一个时期也是你世界观形成的时期，你读什么样的书就会产生什么样的思想。

（吴建中　上海图书馆馆长）

2016 年，中国新闻出版研究院公布了第十二次全国国民阅读调查数据。数据显示：2013 年，中国成年国民的纸质图书阅读率为 58%，人均每天读书时长为 14.11 分钟，人均年阅读图书为 4.58 本。而据另一份调查报告显示，在别的国家，这一数据分别为：韩国 11 本、法国 20 本、日本 40 本、以色列 60 本。

● 四库全书

如果说普通民众的阅读更多是被工作与休闲占据，那么大学生的阅读习惯又是怎样呢？根据复旦大学的一项调查，大学生阅读本专业经典著作的只有 15.2%，阅读人文社会科学经典著作的仅有 22.8%，阅读专业期刊的只有 9.3%，阅读外文文献的只有 5.2%。这是我们大学生阅读的一个普遍状态。

● 深圳书城

我前不久看到了一个老外发的微信。他从北京飞上海，这是一架大飞机，他从头走到尾就发现，大量中国人在飞机上干什么，IPAD 打游戏，看那种肥皂剧。他感慨万千，竟然找不到一个拿着一本书在读的人。他觉得非常吃惊，这个民族怎么会

● 深圳书城

集体进入这样一种状况？

（尹昌龙　深圳出版发行集团公司总经理，
深圳读书月组委会办公室主任）

我们原来在上个世纪末，尤其是八十年代，到车站、码头、航空港，哪怕地铁、公交，往往看得到很多的人手不释卷，拿着一本书或者一张报纸。但是现在情况截然相反，那叫"手不释机"，几乎没有人在这些场合看书。

（刘玉堂　湖北省社会科学院副院长、研究员）

有些国家，像莫斯科，一个人一年，读十几本，二十几本书，读得很多。在莫斯科的地铁上，男女老少大部分都在那里读书。在波士顿的地铁上也是。因为波士顿是个文化城了，它有哈佛，有麻省理工，地铁上大多是一些教授，学生，他们在车上都是读书，学习。有的学生在地铁上做作业。

（李明华　广东省文化学会会长）

● 上海外滩

● 北京街头

　　国际阅读协会在一份报告中指出，阅读能力的高低直接影响到一个国家和民族的未来。对于一个有着五千年文明传承的国家来说，当"牛角挂书"的动人情景再也找不到栖身之所时，我们必须正视实际上已经存在的"阅读危机"。

● 北京地铁上看手机的乘客

　　荷兰摄影师 Reinier Gerrtsen 在北京、纽约、巴黎和伦敦的地铁里分别拍摄一组照片，主题为"最后的书籍"。在图片说明中作者感言"我们的空间正在被各种电子设备所吞噬，或许我将在 2016 年拍摄到这组故事最后的场景"。

　　在以互联网和各种电子设备为代表的现代生活方式的冲击下，阅读危机并不是中国所独有的问题，许多国家和社会都在用不同的方式在鼓励大众重新拿起书籍。

● 美国地铁上妈妈跟孩子一起读书

● 荷兰摄影师 Reinier Gerrtsen "最后的书籍" 图片

● 荷兰摄影师 Reinier Gerrtsen "最后的书籍" 图片

　　在犹太人传统的"安息日"，所有的商店、饭店、娱乐场所都要关门停业，就连航空公司的班机都要停飞，但有一件事是特许的，那就是全国所有的书店都可以开门营业；匈牙利有一项不成文的规定，公共汽车经过隧道等黑暗的地方，一定要打开车内的灯，方便乘客读书。美国在 1998 年和 2002 年分别通过了《卓越阅读法》和《不让一个孩子落后法案》，都旨在通过阅读提高全体国民素质；日本在 2001 年出台《关于推进儿童读书活动的法律》；韩国则分别在 1994 年和 2009 年颁布《读书振兴法》和《读书文化振兴法》；俄罗斯也在 2012 年推出了具有法律意义的《民族阅读大纲》。

　　中国，又将如何应对？

　　当我们惊叹华尔街令人炫目的各种投资手段、目睹石油美元操纵着世界经济的时候，是否还记得阅读——那只"看不见的手"拥有的神奇魔力？你又是否放弃了这一份"最合算"的投资呢？

读书天堂

位于浙江宁波市区的天一阁，是中国现存最早的私家藏书楼，也是世界上现存历史最悠久的私人藏书楼之一，原为明朝兵部右侍郎范钦的藏书处。清乾隆三十七年即公元1772年，范钦的八世孙范懋柱为修撰《四库全书》进献所藏之书638种，于是乾隆皇帝敕命测绘天一阁的房屋、书橱的款式，据此兴造了著名的"南北七阁"，用来收藏七套《四库全书》，天一阁也从此闻名全国。

天一阁

● 天一阁

● 文澜阁

乾隆建造的七个阁藏、四库全书的藏书楼，都是模仿天一阁的。也是根据天一阁的保护藏书的理念，就是以水克火。所以，文澜阁、文渊阁、文津阁、文素阁，几个阁的阁名，它都是从水的。

（贺宇红　宁波天一阁博物馆研究员）

为了保护藏书，范氏家族立下了极为严格的管理规定，在几百年的风雨岁月中，这些藏书和这些规定甚至主导了这个家族堪称悲壮的命运。

● 天一阁规定

比如说烟酒忌登阁，也就是不能携火入内，也不能在酒后进入天一阁藏书楼，这个是它的第一条制度；再一个，子孙无故开门入阁者，要罚不予祭一年，或者罚不予祭。如果说子孙无故出去典当，他受到的惩罚，就是驱逐，不能参与祭祀。而女子就是作为后勤，她们不能碰到书。

（贺宇红　宁波天一阁博物馆研究员）

此外，范氏家族还立下了"代不分书、书不出阁"及"外姓人不得入阁"的规矩，直到清康熙十二年，也就是公元1673年，著名思想家和历史学家黄宗羲才有幸成为外姓登阁的第一人，获准在天一阁翻阅了全部藏书，继他之后登上天一阁的外姓人，无一不是满腹经纶的饱学之士，而总数也不过寥寥十余人。

● 天一阁规定

据文献记载，中国最早的私人藏书楼始于北魏，在此后的1000多年中，相继出现过几千座藏书楼，但它们大多都像天一阁这样，很少向普通大众开放。

我认为藏书楼对中国文化的最大贡献，就是保存文献。但藏书楼和现在这个公共图书馆最大的一个反差就是，它是以"藏"为目的，而公共图书馆是以"用"为目的。

（褚树青　杭州图书馆馆长）

● 天一阁

杭州图书馆

杭州图书馆阅读的人们

杭州图书馆一角

正如褚馆长所言，公共图书馆的主要目的是用，为公众所用。他所任职的杭州图书馆在 2013 年曾被众多媒体关注，原因就是因为杭州图书馆对拾荒人甚至于乞丐这样似乎与书籍无缘的最底层民众，也同样敞开了大门。

他们走进图书馆，不是一开始就走进来读书的。他们一进来，实际上是上洗手间搞一下卫生，洗洗手啊，洗洗脸啊；然后看没有人管他们，就开始东逛西逛，接着就坐下来看书。我们后来观察他们，其实看的内容，真的也是充满情趣和眼光的。比如说《参考消息》，比如说各种时尚杂志。所以对生活的追求，对世界的了解，我想不是因为他是属于一个什么阶层，就会放弃的。

（褚树青　杭州图书馆馆长）

2008 年 10 月落成的杭州图书馆新馆建筑面积达 5 万平方米，这其中有 90% 的面积用于接待读者，是目前国内外开放比例最大的公共图书馆，也是我国第一家率先秉持"平等、免费、无障碍"理念的图书馆。

我们从来没有说你必须要存包了，必须要缴费了，必须要出示证件了等等，没有，这里都是自由出入。当一个公共图书馆可以自由穿行的时候，社会各种阶层的人就会频频光顾。这就是：在文化面前人人平等。

（褚树青　杭州图书馆馆长）

十九世纪中期，西方就出现了公共图书馆，而中国的第一座公共图书馆是由美国人韦棣华女士在湖北武昌创办的文华书院公书林，于 1910 年

● 杭州图书馆

5月16日正式开放。百年之后，公共图书馆已经在中国星罗棋布，根据文化部的统计数据，截至2012年，全国共有县级以上独立建制的公共图书馆3076个。

实际上公共图书馆很重要的角色，就是承担人们的终身教育，社会教育。就是你学历教育的时候在学校，你走出学历教育时候在图书馆，终身教育在图书馆。

（褚树青　杭州图书馆馆长）

图书馆是社会均衡器，在人或社会各种矛盾，冲突比较尖锐的时候，图书馆作为一种公益性的社会机构，能够起到缓冲、润滑、和谐社会的作用。

（张　岩　深圳图书馆馆长）

● 韦棣华女士创办的文华书院公书林

Tips 豪尔赫·路易斯·博尔赫斯

豪尔赫·路易斯·博尔赫斯
（Jorge Luis Borges，1899 年 8 月
24 日—1986 年 6 月 14 日），阿根
廷诗人、小说家、散文家兼翻译
家。

"作家们的作家"，这是人们
对博尔赫斯的至高评价。萨松·
亨利女士形容博尔赫斯"来自旧
世界，却有着未来派的眼界"。库
切曾经评价道：他，甚于任何其他
人，大大创新了小说的语言，为整
整一代伟大的拉美小说家开创了
道路。

博尔赫斯在图书馆

阿根廷诗人博尔赫斯说："天堂应该是图书馆
的样子。"

从藏书楼到图书馆，称谓之变的背后是人们
对于读书的观念之变。那些承载着智慧与力量的
书籍不再被束之高阁，而是融入了寻常百姓的生
活之中。

周六的清晨，家住北京市通州区的孙敦秀早
已在自己的藏书馆中忙碌起来，今天，他将为弟子
讲授"汉简"书法的技巧。

书法，是孙敦秀的毕生爱好。从十五岁的初
学涂鸦到如今的落纸烟云，孙敦秀倾尽了四十余
年的心血。如今的他，在汉简和汉隶上的书法造
诣已经颇有心得，许多书法爱好者因此慕名来访，
甚至拜师学艺。

有的带着自己的孩子来，同事朋友之间介绍了
不少。进行书法指导，基本上我是来者不拒，比较
好一些的、有发展前途的，我收为弟子来进行培养。

（孙敦秀　民间书法家、藏书者）

这间 120 平方米住宅里的藏书馆，是孙敦秀和
弟子们的常来之处。藏书馆建于 2006 年，里面珍
藏着书法大家的名帖字画。更收藏着孙敦秀几十
年来积存下来的万册藏书。

我们来到这个书房以后，看到他储存的这些
书，感到特别的吃惊。因为有好多书是我们在课
本上和社会上见不到的，而且关于书法的一些辞

孙敦秀

● 孙敦秀和他的家庭藏书馆

典和理论书籍特别多。

（樊芙玲　孙敦秀弟子）

● 孙敦秀和他的家庭藏书馆

　　我也跟他算经济账，我说你买这么多书花这么多钱。他说：都是抽烟的钱省的。他不抽烟不喝酒，这些个爱好全没有。

（张淑霞　孙敦秀妻子）

　　丰富的藏书和大量的阅读使得孙敦秀在书法创作上取得了长足的进步，屡获国际大奖；孙敦秀还将自己的书法心得结集出版，至今已编写了《书法幅式指南》《中国硬笔书法史》等 12 部著作。而在 2014 年，更因为对读书的热情和影响力成就，孙敦秀家庭被评为"北京十大书香家庭"。

　　像孙敦秀这样的读书爱好者在中国的城乡何止千万？他们以自身的热情引领了基层读书

● 北京市家庭藏书状元户

● 各地阅读活动标志

的星火燎原。此举,也得到了来自国家层面的持续推动。

2013年春,中国的115位全国政协委员提交议案,建议由全国人大制定《全民阅读法》,同年3月,国家新闻出版广电总局开始组织起草《全民阅读促进条例》,2014年,国务院制定《全民阅读促进条例》并征求各方意见。

我觉得作为人大政府,出台一定的法律来推动全民阅读的工作是非常有意义的,也非常有成效。还有你比如说有了立法以后,出台这个立法,公共设施,公共的平台都要有阅读的提供,机场、饭店……都要提供阅读。

（姚中凯　湖北省全民阅读办公室　原主任）

全民阅读立法,不是说要规定你读什么书,不读什么书,它主要是要规定各级政府,要有对老百姓提供阅读的设施条件。包括财政的投入,包括图书馆的建设,包括书的采购,包括对特殊人群的阅读服务。它更多的是来保证阅读的基础设施条件。

（吴尚之　国家新闻出版广电总局副局长）

在一些先行省份,全民阅读的立法已经取得了突破性进展。2015年3月1日《湖北省全民阅读促进办法》正式实施,《江苏省促进全民阅读的决定》也已经颁布启动,而全民阅读国家级法规《全民阅读促进条例》正在推进过程之中。

比方说,我们设立全省的全民阅读指导委员会,要开展全民阅读的指数调查,并将全民阅读的

指数纳入我们各级人民政府的考核指标体系，向
社会公布。在财政的保障上，我们要求加大财政
的投入，要把全民阅读的所需要的经费列入财政
预算里面去。

（费德平　湖北省政府法制办副主任）

"全民阅读"，是中宣部与原国家新闻出版总
署等十一部门，于2006年在借鉴国际经验基础上
提出的一个全新的阅读概念。旨在通过开展一系
列活动，鼓励大众重新拿起书本，而它所涵盖的范
围也不仅是城市。

● 全国全民阅读标志

1997年，湖北省浠水县洗马镇羊角桥村的汪
新民从学校退休办起了这座乡村图书室，开办之
初，汪新民自制名片，成天骑着自行车四处讨书。
本该颐养天年的他，却给自己找来了一份特殊的
艰辛。

每个月我有三分之一的钱用在农家书屋里面。
记得有一次，有个退休老师，他把书卖到破烂店里。
我知道后，就把书买了回来。路上正遇到下大雨，
我怕书打湿了，就把衣服脱下来，把书包着。回到
家里，老伴大发脾气。她说，你是要命呢，还是要
书？我说：命也要，书也要。书打湿了不好晒，人
病了吃点药就好了。

（汪新民　退休教师、浠水县洗马镇羊角桥
农家书屋创办人）

图书室的成立，在不知不觉间改变着羊角桥
村。村里打麻将的少了，来看书的多了，而这种改
变也从一个村逐渐影响到附近的多个村镇。

● 汪新民

● 汪新民和他的图书室

● 农村书屋

我们村子只有四个小组,五百来个人,很多人出去打工。家里人不多,借书的人就不多。怎么办呢? 我向周围几个村、乡镇发展。只要我认识的,我就把书借他。现在有三十个村在我们这里借书。

（汪新民　退休教师,浠水县洗马镇羊角桥农家书屋创办人）

从 2008 年起,汪新民的图书室被纳入村级农家书屋行列,享受到国家配送图书的政策。农家书屋是 2007 年开始实施的一项国家工程,截至 2015 年,全国共建成达到统一规定标准的农家书屋 600449 家,实现了"农家书屋村村有",投入资金 180 多亿元,共计配送图书 9.4 亿册、报刊 5.4 亿份、音像制品 1.2 亿张、影视放映设备和阅读设施 60 多万套,不少成功的"农家书屋"成为农村社区的文化信息发散地。

● 汪新民的农家书屋

我有三个梦:一个是为村民致富梦。第二个梦,为留守儿童读书梦。第三个梦:我只有姑娘,没有儿子,但是有些孩子在家里看书,会说:爷爷谢谢你,爷爷谢谢你。我听了非常高兴,这就圆了我的第三个梦。

（汪新民　退休教师,浠水县洗马镇羊角桥农家书屋创办人）

● 汪新民老人在整理图书

汪新民的农家书屋就开办在自己家中,从灶堂到阅览室只有几步之遥,或许,这最能体现读书的本质,它和柴米油盐一样,本就是生活的一部分。呈现在这普通得不能再普通的山村农家的温馨场景,在指向未来中国文明前景的同时,也接通了祖辈中国人的千年理想——耕读传家。

城市书香

武汉书香地铁带

武汉市民陶炼每天都会乘坐地铁上下班。从铁机路到光谷广场，12站的路程是漫长而枯燥的，而陶炼却能将它变成一段享受的时光，那就是充分利用地铁上的这段时间读书。

然而，借书曾经是令陶炼费心的一个难题。

我和我老公一家人，去那个省图书馆借书，有时候车居然停满了，路上都是。而且我觉得，省图书馆要是分散就好了。

（陶炼　武汉市民）

车站自助图书馆24小时开放

2012年，武汉市地铁集团在46个地铁站全部开设了自助图书馆，地铁乘客可以随时借阅书籍。它的投入使用，为陶炼这样的"书虫"提供了极大的便利。

我们在图书方面，前后投入了有八万多种图书，这样一个总数量。目前，借阅的会员有一万六千人，借阅的图书的总量有20多万册。

（马君瑞　武汉地铁集团党委副书记）

只要你投入一百块钱的资金作为押金，然后你的身份证就是借书证，那么你就可以借任意两本书，在 20 天内归还就可以，逾期收五角钱的滞纳金。

（陶炼 武汉市民）

如今，陶炼已经习惯于在乘坐地铁之前借阅或者归还书籍。而喜欢读书的她也成了地铁图书馆自开办以来借阅书籍最多的读者之一。地铁自助图书馆已经成为陶炼最为便捷实用的书库。

我不仅是用自己的身份证借两本书，我还把老公的身份证要过来了，也借两本，就总共可以借四本书回家，我每天都背着书包上班，一方面是因为照顾小女儿背着书包方便，另一方面就说明我书包里是背着四本书的，哪怕它再重我心里也甜蜜。

（陶炼 武汉市民）

● 在武汉地铁，乘客读书成为一种风景

● 武汉"书香地铁"

● 地铁沿线的文华书店

地铁发放《武汉晨报》

书香地铁：乘客日均借书 226 本

除了地铁自助图书馆外，武汉地铁集团还和报刊媒体合作，每天为乘客免费发放《武汉晨报》，定期发行地铁周刊。不仅如此，武汉地铁集团还在地铁电视平台上投放读书公益广告，并在地铁站设置诗歌墙等文化角，在潜移默化之中更多引发市民的阅读兴趣。

它实际上是城市功能的一个非常重要的组成部分，这种城市功能就是市民阅读的功能。市民学习的功能的完善，也是我们文化惠民的一个非常重要的组成部分。

（李述永　武汉市委常委、宣传部部长）

"书香地铁"是湖北省"书香荆楚、文化湖北全民阅读活动"的品牌内容。这样的品牌读书活动在全国各地都有开展。

在全国有书香上海，书香北京，书香江苏，特别是还有深圳读书月，三湘读书月。全国四百多个地级以上的城市，都开展了广泛的全民阅读活动。大概每年现在有八亿人，参与到全民阅读活动中间来。

（吴尚之　国家新闻出版广电总局副局长）

北京首辆"书香地铁"

深圳著名的深南大道，被誉为中国曼哈顿的CBD商务中心，光彩夺目。位于北中轴线上的这座建筑独占了CBD板块近九公顷的面积。不过，这里既不是高档写字楼，也不是商业广场，而是中心书城。

● 深圳中心书城

对深圳来讲，我们的土地资源非常有限，政府支持不支持这件事，关键就是给不给你地。地比钱还重要，因为地太贵了。那么多的地产商，都恨不得政府把最好的地给他。给了地产商以后，不要讲个人利益问题，对于财政来讲，也是一笔巨大的收入。但深圳政府把地几乎免费地给到书城来用，损失很大一笔，不是一两个亿，是几十个亿，但是政府

● 深圳书城

● 深南大道

● 深圳中心书城

愿意给，这是政府的眼光和政府的战略。

（尹昌龙　深圳出版发行集团公司总经理
深圳读书月组委会办公室主任）

最中心的地带，如果要建一个殿堂的话，那就是一个书城，这个很有意思。他就把文化，把这样一个精神的场所，变成了这个城市最重要的，最核心的一个部分，很有远见。

（王绍培　后院读书会会长，资深媒体人）

就像过去一个地主，他要表明自己是有身份的地主，一定有个中堂挂对联，挂着山水画什么的，把他家最好的，最能体现他身份的东西放在客厅。一个城市也一样，把最好的东西放在客厅。所以，深圳把书城永远放在客厅的位置。

（尹昌龙　深圳出版发行集团公司总经理
深圳读书月组委会办公室主任）

● 深圳速度

深圳中心书城是全世界单店经营面积最大的书城。在这个 8.2 万平方米的空间中，分布有书店、书吧、文化商店等各式营业场所，而书城中预留出来的这些空间则是平时举办各种展览和讲座的地方。

到了今天，书城成了一个文化综合体。书城已经不仅仅是卖书的地方了，变成一个休闲生活空间了。你可以到这儿挑书看书，还可以在这儿听讲座，做演讲比赛，你还可以在这儿搞读书会。

（尹昌龙　深圳出版发行集团公司总经理
深圳读书月组委会办公室主任）

深圳人都说中心书城是一个最惬意的去处，在这里随处都可以见到坐在地上看书的人，有的甚至一坐就是一天，很多深圳人把这里叫作"第二图书馆"。

● 深圳书城中读书的儿童

● 深圳图书馆

● 世界读书日

● 假日里，深圳人读书忙

● 阅读的人们

1995 年，联合国教科文组织宣布 4 月 23 日为"世界读书日"，这一天是西班牙著名作家塞万提斯和英国著名作家莎士比亚的辞世纪念日。

此时，刚刚 15 岁的中国第一个经济特区——深圳，正迎来经济发展的高速井喷期，来自全国甚至世界各地的人们在此聚集生活。然而，由于这块土地上的传统文化正逐渐消失或变迁，新的文化又得不到认同，深圳曾一度被扣上了"文化沙漠"的帽子。

就在世界读书日设立的第二年，一个意想不到的事件改变了这座城市。这一年，第七届全国书市在深圳召开，作为经济桥头堡的深圳首开先河，对在深圳书城举办的全国书市实行售票入场。即便如此，当天购票入场的深圳市民竟高达 10 万人，10 天之内，深圳书城销售额出人意料地达到 2177 万元，创造了包括订货总额在内的 5 项全国纪录，"深圳速度"再次震惊国人。

2000 年 11 月，深圳再次领风气之先，设立"读书月"并一直延续至今。每年的读书月在短短 30 天的时间里，由政府和民间组织的各种形式的读书活动多达 500 多项，深圳人称之为"文化闹钟"。

把读书活动变成你的生活的一部分，这个非常重要。一旦形成自觉读书，整个城市社会读书风气会越来越浓烈。

（尹昌龙　深圳出版发行集团公司总经理
深圳读书月组委会办公室主任）

阅读是消灭无知贫穷与绝望的终极武器。

（朱永新　国家全民阅读形象代言人）

　　读书，让这座城市飞速前进的脚步获得了深厚的文化底蕴。为了更好地推进全民读书，深圳市政府聘请热心市民作为阅读推广人，并在各个工厂、企业成立"青工书屋"。

● 深圳物质生活书吧

　　我们现在所做的这个事情，和我们的本职工作是没有任何关系的。主要是利用自己的业余时间做公益的阅读推广，希望有更多的家庭，重视儿童阅读这个领域，也希望能够让更多的孩子喜欢上阅读，然后学会阅读。

（刘　静　深圳阅读推广人）

　　我们从小培养一个小读者的意义也不在他本身，而是他自己小时候爱读书，长大之后成为一个成人读者，他的下一代以后也会读书，成为一个读者，这个会一代一代延续下去的。

（袁本阳　深圳阅读推广人）

　　在深圳百花二路和五路转角处，坐落着一家名为"物质生活"的小书吧。和深圳读书月同一年落地的这间小书店，不但未在实体书店关门大潮

● 深圳物质生活书吧

深圳物质生活书吧

深圳中心书城

中消退，反而因为入选"华语世界最具影响力人文书店"而声名鹊起。

这家书吧的名字似乎在透露着深圳人内心的一种感受，生活不应该被物欲填满，它必须有一个安静的空间属于读书，属于精神。

当他们富裕起来了之后，慢慢在物质上拥有了很多之后，觉得应该追求一些精神方面的价值，追求知识，追求文化。

（王绍培　后院读书会会长，资深媒体人）

深圳在全国，我认为，是一个读书的愿望比较强烈的城市。这种愿望的强烈来自于城市独特的历史。因为深圳市场经济发育得比较充分，竞争力很强。竞争必须首先考验个人的能力。你在学校的时候所学的很多知识都已经过时了，如果你不继续读书学习，跟不上社会，就会在竞争中被淘汰。

（尹昌龙　深圳出版发行集团公司总经理
深圳读书月组委会办公室主任）

深圳 24 小时书吧

中国整个社会，我觉得也会是这样的，在经济比较繁荣的地方，文化也开始慢慢地繁荣，最后精神上也很繁荣。整个中国未来，我觉得也会有这样一个趋势。

（王绍培　后院读书会会长，资深媒体人）

● 深圳 24 小时书吧

知识积累，将决定一个人的最终高度，也将决定一个城市的最终意义。如今，深感受益于全民阅读活动的深圳人，已经连续 24 年稳坐人均购书量全国第一的宝座。

当年曾经因一句"时间就是金钱，效率就是生命"叫响全国的深圳，如今的一句"让城市因热爱读书而受人尊重"，被深圳网民票选为"深圳最有影响力的十大观念"。

在深圳中心书城的二楼天台，这家 24 小时书吧自 2006 年 11 月 1 日开业至今就没有停业过。十一年，近四千个夜晚，书吧的灯火从未熄灭，它就像一座文化的灯塔，为一个城市照亮了黑夜中的一方书桌，为读书坚守着物质浪潮冲击下的一片精神净土。

● 深圳 24 小时书吧

这灯火，也是中国的希望。当中国以经济总量世界第二的巨人身躯面向世界的今天，文化的跟进已成为当务之急，而一个社会提升文化的必由之路，就是读书的力量。

五年前，美国网上零售巨头亚马逊公司在世纪之初提出了一个颇有电子商务特点的命题：2001年度全美什么最畅销？

● 亚马逊总部

● 竹简版《孙子兵法》

接着，互联网就用最准确的销售数据向世界展示了一个奇迹：2500年前这本由中国军事家写成的兵书《孙子兵法》，在21世纪之初成了各个领域竞相研读的畅销书。

电子商务用一个颇富戏剧性的方式预言了中国世纪的到来。

"一个民族要兴旺发达，就不仅要有人脚踏实地埋头苦干，更要有人仰望星空，坚守精神家园。"文明已经替代富强，成为中国不得不面对的首要课题。中国准备好成为文明大国了吗？我们离文明还有多远？这不仅关系到中国人自己的命运，也将深刻影响未来世界的命运。

崛起的中国拿什么"文明力量"贡献给世界？

五千年，人类用阅读改变着容颜，也刻画着全新的地球。如果将人类的历史压缩成24小时，这"关键三分钟"的改变，令我们目不暇接。100年前最大胆的科幻作家也只想象出我们现实生活中的一小部分，读——这只"看不见的手"又将会把人类推向何方？

Super Access
超级访问

江晓原 （上海交通大学教授）
刘玉堂 （湖北省社会科学院副院长、
　　　　研究员）
陶宏开 （华中师范大学特聘教授）

经典的山，还是碎片的云？

1.您是否认为，互联网阅读偷走了我们的时间？

江晓原： 我觉得，最大的问题是那些作为新媒体的互联网。由于它们自己是商业化生存，无法对受众进行分层，但又要保持商业化生存的低调，就只能把重点放在吸引眼球上，毕竟点击量越大，访问量就越大，它就能够生存下去，也才能有盈利。

问题是，人这一生，短短不过百年时间，一天也只有 24 个小时，所有时间和精力就这么多。如果不停把那些碎片化的、无聊的东西推送到你面前，除非有坚强的意识去抵制它，否则时间精力就会被这些东西占据，而从事严肃阅读的时间就明显减少了。

比如现在在地铁里，大家都拿着一个智能手机或者抱着一个 iPad 在阅读。这些阅读工具，理论上来说是可以进行严肃阅读的。在手机上读黑格尔，读柏拉图，都是可以的。其实只要用心去找，严肃类经典类的书籍是可以从网络上找到并阅读的。但问题是，究竟有几个人会这么去做呢？我没有做过社会调查，但我敢说，这样的人即便存在也非常少。因为电子阅读，是别人主动把东西推送到你面前，而很少会有人推送黑格尔和柏拉图给你，基本上任何严肃的东西在电子阅读中都是不推送的。

与此相对，现在的新闻绝大部分都是猎奇的，什么恶性的案件啊，匪夷所思的言论啊。这些东西你看看也无妨，毕竟你有自己的判断，能做出选择。但你想过吗，真的有必要去看这些东西吗？不看你会有遗憾吗？你的工作、学习、生活会受到影响吗？实际上，跟你一点关系都没有。

现在这个时代，不存在信息短缺的问题，相反是信息过盛。太多信息的狂轰滥炸，会让人茫然失措，精神疲惫，所以必须学会筛选信息。

有人反驳说，我在课堂上听到的大部分东西，网上都能查到。话是不错，但问题是，你的教育能不能用检索来取代呢？如果能，那学校就不要办了，小学初中高中之类统统取消，因为你只需要知道怎么检索就行了。可是，这样能完成教育吗？一旦你意识到教育不能用检索来代替，那么严肃阅读的价值就体现出来了。什么是经典？经典是前人智慧高度浓缩的东西，是必不可少的养料。一个人不读经典就等同于没文化。这个没文化不是说你不知道某些事情，不知道的事情上网查就能查到，而是指你根本不知道要去查什么。

很多人说，没有时间阅读经典。你一天只有 24 小时，把精力花费在那些碎片化信息上，当然就没时间读经典了。既然这样，你为什么还让那些无聊的东西占据你的时间呢？说到底，这其实是对一个人意志的考验。就像人总是愿意享乐，这是天性使然。而教育的作用之一就是对你人性中那些不好的东西进行矫正，所以才要勤奋读书。吃喝玩乐比读书开心，但在某些时间里你必须克制自己，去学习读书而不是一味地吃喝玩乐。

电子阅读，看似美好，实则像一个泡沫，你站上去就陷下去了。但经典，那些两千年、三千年的智慧是站得住的，吸收这些养料，你才能真正成长。我觉得，一个人如果自己放弃在阅读方面的努力，他就会随波逐流让别人牵着鼻子走。整天沉浸在碎片化信息中，结果就是你会被精英人士所控制，因为他们才是把诸多碎片化信息推送到你面前的人，他们自己是精明的，因为他们不是靠自己推送的东西成长起来的。

前不久，我看到一个美国调查团队做的统计材料，特别能说明问题。调查显示，父母有大学学历的家庭的孩子，每天平均上网的时间，比父母没有大学学历的家庭的孩子至少少一小时。

你看，越是社会层级低的人，越容易被互联网所诱惑。这些家庭的孩子把更多时间浪费在网上，打游戏或者看娱乐项目。而那些身处较好阶层的孩子，很少上网，多出的时间可以用来阅读经典，每天如此，几年之后差别就很大了。

2.您认为,互联网是一种浅阅读吗?

刘玉堂: 网上有一种说法:网虫说不要问我从哪里来,我从网上来,不要问我到哪里去,我到网上去。这虽然是一种调侃,但反映的却是现实,值得忧虑。此外还有一种就是手机族。

有人说网上也能阅读啊,我在手机上照样可以阅读。确实可以,但这只是一种浅阅读。网络也好,手机也好,第一它上面的信息没有过滤,人们往往是即兴将信息发上去,尤其是一些微博微信,没有经过过滤所以错误的东西非常多。第二是重复,大量的重复。一条消息几乎所有的网站都会有,你看一个网站就够了,但往往看了一个网站不放心,又希望从另一个网站获取更多的信息。在这个过程中,你的时间慢慢消耗去了。第三,这种信息给你的知识是碎片化的,连不成一个整体,缺乏一种严密的逻辑联系,久而久之会导致我们热衷于看手机,热衷于在网上阅读,而使大脑懒惰,不想思考问题,进而引发思维迟钝,长期如此,就会形成思想空白。

西方著名学者奥德斯丁说过这么一段话:善于摄取营养的人比吃得多的人更健康。同样,成功的人不是读书读得最多的人,而是读了那些好书的人。这话告诉我们,要读好书,读精品书,而不是信手拈来,什么都读。菲尔丁也说过:劣质的书让无知的人变得更无知。

精阅读之外,我认为也不能一味反对浅阅读。培根说过一句话:有些书只需要品尝,有些书可以吞咽,有些书则需要细嚼。说的就是有些书可以浅尝辄止,这叫浅阅读,也是可以的。所以,我的观点是:不排除浅阅读,但应更重视深阅读。

3.在互联网无孔不入的时代,您认为是否还存在"网瘾"的说法?

陶宏开: 2004年,统计数据显示全国网瘾青少年是400万左右,到2009年,中国青少年网络协会的全国统计数据公布是2409万。五年翻了6倍。

记得我刚开始做戒网瘾的时候,来向我求助的90%是中学生、初中生,初三、高一高二的特别多。而到2006年以后,大学生求助的越来越多了。这反映了一种情况就是，现在孩子勉强上了一个大学，但是又继续网瘾，不读书了。因为大学的管理更松懈一些，又没有高考的压力，时间比较充裕，很容易沉迷网络。

现在的玩家58%都是大学生。东北电子大学，一次就开除了360多个学生。我去调查，教导主任说，33个网吧把他们学校包围了，课堂上几乎没有到课率，根本没办法开课，而不开课学生就可以继续去网吧。因此，只能开除他们。

这样一来，成人就有成人网瘾了，有父子网瘾，母子网瘾，然后又向下延伸，年纪越来越小。我亲自接触过的一个网瘾孩子是五岁半。他爸爸是个作家，女儿从幼儿园回来要他抱，他说好啊，反正写累了。抱着孩子没事干，他就玩游戏，孩子一看高兴了，就跟着玩，结果到吃饭时就不吃饭了，要继续玩，一直玩到睡觉的时候，还要继续玩，后来玩到睡着了。第二天早上就不上幼儿园了，在地上打滚，还要玩，就这样慢慢染上了网瘾。

我听到这个事情时非常惊讶，还以为是个案，后来去山东济南做报告，发现竟然还有更小的网瘾孩子，只有两岁。一个年轻母亲，先生是修电脑的，两个人特别忙。孩子两岁了，特别闹，需要照顾。他们没办法就把孩子放在椅子上，用东西围起来，给他一个电脑游戏让他玩。这下孩子安静了，不哭不闹，聚精会神玩游戏，他们就安心去工作了。几天后发现，孩子离不开电脑了。吃饭也不吃，睡觉也不睡，一直处于亢奋状态。

网络游戏有很大的市场。但有市场，也要看是什么样的市场。毒品、色情、赌博、武器有没有市场？你开发吗？我们不能看有了市场就去开发，而要看这个市场是否值得开发，是否能促进社会进步，给老百姓带来利益，是利大于弊，还是弊大于利。

近几年，美国、英国和中国的科学家们，通过分析游戏玩家的大脑发现，暴力游戏会损伤玩家的大脑，而且画面越逼真，危害越大。科学实验已经证实：长期玩暴力游戏，人的左大脑受损状态跟长期吸食鸦片的瘾君子一样。可见暴力游戏真是玩不得的。

很多家长跟我讲，说我孩子以前很优秀很懂事，也很上进，一玩游戏就彻底变成另外一个人了，迷茫，不能正常生活，动不动就跟我们闹矛盾，甚至打骂我们。伤害父母，甚至杀害父母，这是非常令人痛心的。在我接触的网瘾里面，有相当一部分孩子都对父母产生了很深的伤害，不管是精神还是身体。他们把打骂父母当成家常便饭，一不给钱上网，就骂、就打。

　　有一个案例让我非常震惊。一对夫妻都是公务员，儿子 17 岁就是不上学，怎么发展成这样的呢。孩子打游戏，刚开始躲到网吧里打，后来给父母发现了，孩子就讲条件，说只要家里给买电脑，就放学再玩儿，平常好好学习。父母答应给买了电脑，结果更糟糕，开始两星期还装装样子，放学回来再玩。后来学校打电话，说他从不交作业，他爸一听就把电脑砸了。结果，他就打他爸，父子两个血战一场，把家里打得一塌糊涂。打完后，儿子爬起来跟他妈说，你要不跟这个老东西离婚，我就永远不上学。父母一商量怎么办，孩子高三快毕业了，还是先离婚让孩子把书读完吧。于是就去办了离婚证。结果孩子没好两天，又继续不上学了。

　　有网瘾的孩子是根本不讲信用的，他会承诺很多东西，但从来不会去做，只是一味地要，结果就是孩子步步进逼，父母节节败退。

　　回国这十年来我发现，网吧的确是导致青少年荒废学业、堕落犯罪的主要温床。电子游戏是用最残酷、最暴力的手段来取胜，不但可以杀人，杀人后还要分尸，踏着尸体前进。这种鼓励杀戮的做法，令人胆寒。

　　最痛心的是孩子自杀。我接触的第一个自杀案例是 2004 年 12 月 29 号，天津一个孩子从 24 楼跳下来了。他过去是个品学兼优的孩子，玩上"魔兽"游戏后，成绩一落千丈。他很愧疚自己从一个好孩子变成了坏孩子，就写了遗书，说希望自己死了以后，来世能做个好孩子。

　　这件事之后，我和一些媒体做了调查，想查出青少年自杀的原因。结果是：80%的青少年玩家都相信，人死了会复活，因为游戏里面是可以复活的。被游戏中的魔鬼杀死后，多花点钱，就可以到复活区，等待复活。这些孩子不懂科学成长的道理，长期玩游戏之后，就信以为真，以为自己也能像游戏中一样死掉，然后复活。

　　所以，我要重申：21 世纪，人类走进的新时代，是网络时代、信息时代、高科技时代，不是游戏时代。

书里有话

为了心灵的阅读

贝内特·塞尔夫曾说："阅读的快乐不在人家告诉了你什么,而在于借此你的心灵得以舒展开来。"确实,孤独的人喜欢阅读,因为阅读让内心充实,虽身处寂寞而能心胸开阔;贫穷的人喜欢阅读,因为书中满含知识和财富,让人虽处陋室而心怀世界;心有创伤的人喜欢阅读,因为阅读能温暖心房,修补伤痕。阅读是一味大补的汤剂,使贫瘠的心丰盈,残缺的心健全。

俄罗斯作家高尔基曾说:"书籍一面启示着我的智慧和心灵,一面帮助我在一片烂泥塘里站起来,如果不是书籍的话,我就沉没在这片泥塘里,我就要被愚蠢和下流淹死。"这段话真切地展现了阅读对高尔基心灵的影响。

小时候的高尔基生活十分穷苦,为了养家糊口,他常常四处流浪、打工。自传体小说《在人间》中,他描写了那段时期的经历。当时,充斥在他身边的,是一群低俗、无知、喜欢躲在别人背后说坏话的小市民。如果长期生活在这种环境中,估计他也会变得跟他们一样了。幸运的是,他遇见了一位正直的厨师,并在他的帮助下开始了阅读。

像书中所写的一样,在这之后,虽然历经坎坷,高尔基始终未放弃读书。从各式各样的书籍中,他获得了丰富的知识,认清了自己所处的时代和环境,决心要"做一个坚强的人,不为环境所屈服"。

成年后的高尔基走上了写作的道路,相继写出了描述底层劳动者和革命战士生活与心灵纠葛的《小市民》《母亲》《童年》《在人间》《我的大学》等小说,成为俄国现实主义文学的奠基人。可以说,正是从阅读中获得的心灵启示,促使他走上了一条与自身所处环境完全不同的道路,摆脱了小市民的狭隘自私，而成为一个关注社会、反思现实的伟大作家。

与高尔基不同，残疾人作家张海迪从阅读中收获的，是朋友般的心灵慰藉。因为患病，张海迪没有机会到学校读书，只能待在家里。那时候，她还是一个只有 5 岁的小姑娘。别的孩子可以出去玩耍，可以做游戏、逛游乐场、郊游，她却只能一个人孤零零地躺在床上，与一扇窗户做伴。

一天，妈妈回家后给她带了一些《小朋友》杂志，里面有趣的故事和图画一下子吸引了她，从此之后，她就爱上了阅读。

回忆这件事情，张海迪说："这些书给了我非常多的帮助，我开始自己学着读书，查字典。"也就是从那时开始，张海迪不再是一个孤独的小女孩了。或者说，在现实中她还是孤独的，但在心灵上，她却是丰盈的。书籍丰富了她的生活，成了她忠实的朋友，为她被疾病困扰的干枯心灵注入了一股充满力量的清泉。

一次，妈妈给了张海迪一些零钱，让她买她垂涎了好久的果子露。那时的生活很苦，能吃到一块糖已很幸福，更何况一瓶果子露呢。然而，张海迪最终却用钱买了自己喜欢看的书。这样爱读书的结果是，在不到 9 岁的时候，她就读了大量书籍，甚至开始读长篇小说了。

后来，当张海迪成了作家，写出了《轮椅上的梦》《绝顶》等一系列作品。她又有了新的心灵陪伴——写作。在一次采访中她说："我感谢生活给了我一支能说话的笔，它让我去倾诉，去抗争，我不仅活着，而且在写作中放飞了心灵。"是阅读给了她知识，给了她写作的能力，给了她不一样的心灵体验。

年轻时的铁凝也被"禁锢"着，不过她并不像张海迪一样身体被禁锢在床上，而是心灵被禁锢在荒漠里。

铁凝上初中的时候，正赶上"文化大革命"，大人们的世界一片惶惶之态，孩子们的世界则十分枯燥。课堂上，由于好书不能公开上架，孩子们只能读一些内容空洞的课本。而课下，原本天真烂漫、无拘无束的校园生活也被限制，变得了无生趣、单调骇人。那段时间让铁凝觉得非常压抑，内心如同被上了锁。

所幸，没多久，铁凝就从家里翻出了"宝贝"——几本"不合时宜"的文学名著。这真是雪中送炭，她马上如饥似渴地读起来。

《约翰·克利斯朵夫》是法国作家罗曼·罗兰最为著名的作品，它记录了一个音乐天才精雕细琢的艺术发展过程。对铁凝来说,书中所写内容与她的生活相去甚远,她并不完全理解这个故事。然而,扉页上的一段题记却击中了她幼小的心灵:真正的光明绝不是永没有黑暗的时间,只是永不被黑暗所淹没罢了;真正的英雄绝不是永没有卑下的情操,只是永不被卑下的情操所屈服罢了。第一次,她清晰地渴望自己的灵魂美好而高尚,渴望自己能对这个世界有所作为。

回忆起那个时刻,铁凝说,她其实并不知道自己能为这个世界做什么,但当时她就是有那样的一种感觉。是阅读开启了她的心智,丰富了她对大千世界的认识,涵养了她的审美情趣。

成名后的铁凝尤为重视经典名著的影响。她曾说:“一个人心灵的健康成长,是应当有那些真正出色的文学作品为伴的。”可以说,正是那个阅读贫乏的时代里一次不经意的阅读,为铁凝指明了一条人生路,让她找到了自己要做的事。

《巴黎圣母院》刻画了丑陋的卡西莫多,但他善良而勇敢的内心却抓住了亿万读者的心;《了不起的盖茨比》描绘了盖茨比令人美慕的豪门生活,但他内心的孤独才真正令人感叹;《绿野仙踪》让铁皮人成了全世界孩子的朋友,但它从始至终都想要拥有一颗真正的心。在阅读中,我们与一个个真挚的心灵相遇,而这些真挚的心灵,又反过来滋养我们的心灵。这是阅读的魅力,是心灵的魅力。

如今,快节奏的生活和样式繁多的娱乐活动占据了人们的时间,阅读开始变得遥远。而与此同时,工作生活的压力也使很多人精神疲乏,心灵落寞。

试着在忙碌的工作之余,为自己准备一个阅读时光吧!在午后凉爽的公园或阳台上,轻轻打开一本好书,伴着额前拂过的轻柔的风,调一杯温软的凉茶,心情开始放松,犹如干枯的沙漠喜迎甘霖,犹如干瘪的稻穗变得丰满。

附　录

世界阅读史大事记

书中锦句

希望散居在全球各地的人们，无论你是年老还是年轻，无论你是贫穷还是富有，无论你是患病还是健康，都能享受阅读带来的乐趣，都能尊重和感谢为人类文明做出巨大贡献的文学、文化、科学思想大师们，都能保护知识产权。

• • • • • • •

The World Read History Memorabila

世界阅读史大事记

第一阶段　文字的诞生

公元前 3500 年—公元前 1700 年

象形文字
前 3500 年
- 古埃及
- 多刻在墓穴、纪念碑、庙宇的墙壁或石块上的文字，被称为"圣书体"。写起来既慢又很难看懂，是最原始的造字方法。
- 人类最古老的书写文字之一，对后来的腓尼基字母影响很大。

楔形文字
前 3200 年
- 底格里斯河、幼发拉底河流域
- 由苏美尔人发明，多数写于泥板上，少数写于石头、金属或蜡板上。
- 世界上最早的文字之一。

腓尼基字母
前 2000 年
- 古代地中海东岸地区
- 辅音音素文字。没有代表元音的字母或符号，字的读音须由上下文推断。
- 世界字母文字的开端，派生出了包括古希腊字母、拉丁字母、希伯来字母、中国蒙古字母等众多民族字母。

甲骨文
前 1700 年
- 中国
- 刻在龟甲或兽骨上的文字。记录内容涉及天文、气象、地理、职官、畜牧、宗教等方面。
- 中国已知最早成体系的文字形式。汉字发展的关键形态。

第二阶段　最早的书

公元前 3000 年—公元前 476 年

纸草书卷
前 3000 年
- 古埃及
- 在一种生长在尼罗河边的植物莎草上书写。
- 最早的埃及书籍雏形。迄今为止发现的最早的书。

泥版书
前 1800 年—
前 1600 年
- 中东地区
- 用一种木制硬笔在泥土板上刻写，书成后经过焙烧或晒干成为坚硬的泥版书。内容有契约、债务清单等。
- 古代书籍的重要形式。研究古代历史文化的重要证据。

简策
前 800 年左右
- 中国
- 将竹木劈成狭长的细条，经过刮削整理后在上面写字，单独的竹木片叫作"简"，若干简编连起来就叫作"策"（或"册"）。
- 中国最早的正式书籍。

帛书
前 770 年—
前 476 年
- 中国
- 将文字、图像及其他特定的符号写绘在丝织品上。
- 纸未发明之前重要的书写物料。

第三阶段　世界文明轴心期的扛鼎之作

公元前 1500 年—公元前 515 年

《圣经》
1500 年—
公元 90 年左右
- 世界上众多地区
- 犹太人和基督教的宗教读物，内容融合了历史、文化、政治、经济等多方面知识。
- 与希腊文明一起，形成了今天的欧美文化。给无数的文学家、艺术家、思想家提供了无穷的灵感与启迪。

《道德经》
前 770 年—
前 221 年
- 中国
- 由道家学派创始人老子所著。主张无为而治，精华在于朴素的辩证法，全面体现了古代中国人的一种世界观和人生观。
- 道教最高经典。中国历史上首部完整的哲学著作。对中国哲学发展具有深刻影响。是世界历史文化遗产的宝贵财富。

《论语》
前 540—
前 400 年
- 中国
- 以记录孔子和其弟子及再传弟子言行为主的汇编。内容涉及政治、教育、文学、哲学以及立身处世的道理等多方面。
- 儒家学派经典著作。中国传统文化的重要组成部分，对中国社会影响深远。

《孙子兵法》
前 515 年左右
- 中国
- 齐国人孙武所著。全书分 13 篇，论述了军事学的主要问题，对当时的战争经验进行了总结，提出了一些著名的革命性军事命题，并揭示了一些具有普遍意义的军事规律。
- 中国现存最早的兵书、世界上最早的军事著作，被誉为"兵学圣典"。对后世的兵书影响深远，在世界军事史上具有重要地位。

《几何原本》
前 300 年左右
- 古希腊
- 古希腊数学家欧几里得所著的一部数学著作,共 13 卷。
- 欧式几何的奠基之作,现代数学的基础。哥白尼、伽利略、笛卡尔、牛顿等大科学家研究的重要参考文献。

第四阶段 印刷术的革新推动书籍生产

105 年—1439 年

造纸术
105 年左右
- 中国
- 东汉宦官蔡伦采用树皮、鱼网和竹子压制成纸,大大降低了造纸成本,为纸的普及创造了条件。
- 极大地方便了信息的储存和交流,对于推动世界文明的发展具有划时代的意义。

雕版印刷术
700 年左右
- 中国
- 唐朝工匠使用雕刻木板来印刷书籍,促进了大批量书籍的印刷产生,使更多人得以购书、阅书。
- 中国最早的印刷形式,为后来的活字印刷术开创了技术上的先河,是世界现代印刷术的古老技术源头,对文化传播和文明交流贡献巨大。

活字印刷术
1040 年前后
- 中国
- 北宋布衣毕昇运用胶泥制成活字,然后用泥活字印书,不仅能节约大量的人力物力,而且大大提高了印刷的速度和质量。
- 印刷史上一次伟大的技术革命、人类近代文明的先导,促进了书籍的生产和人类文化的交流与发展。

印刷机
1439 年
- 德国
- 由德国人古登堡发明。通过把着墨面压在媒体面(如纸和布料)的机械装置来成像,达到复制印刷品的目的。
- 对于人类文明和文化的传播具有重要作用。

金属活字印刷术
1500 年左右
- 德国
- 由德国人古登堡发明。用铅、锌和锑组成铅合金金属字母,然后将它们排列成印刷的书页。由于字母冷却得很快,且能承受印刷时的压力,因此可被重新使用,使印刷的速度大大提高。
- 在欧洲文艺复兴、宗教改革、启蒙时代和科学革命等运动中都扮演了重要角色,为现代的知识经济和知识传播奠定了物质基础。

第五阶段　资产阶级上升期改变世界的一本书

105 年—1439 年

《马可·波罗游记》
1298 年

- 中国
- 由意大利商人马可·波罗根据自己在中国的经历写出。向西方世界第一次展现出了东方尤其是中国的繁华景象，引得西方人热读。
- 使西方人对世界的了解范围突然扩大了一倍，直接触发了十五、十六世纪欧洲航海事业的大发展。

《君主论》
1532 年

- 意大利
- 由意大利政治家、思想家马基雅维利所著。在政治、宗教、学术等领域引起巨大反响。
- 欧洲历代君主的案头书。西方世界誉为：政治家的最高指南，统治阶级巩固其统治的治国原则，人类有史以来对政治斗争技巧最独到最精辟的解剖。

《天体运行论》
1543 年

- 波兰
- 作者是波兰天文学家尼古拉·哥白尼。书中创立了"日心说"，确认地球不是宇宙的中心，而是行星之一，从而掀起了一场天文学上根本性的革命。
- 人类探求客观真理道路上的里程碑，开创了整个自然界科学向前迈进的新时代。

《哈姆雷特》
1598 年—1602 年间

- 英国
- 由英国作家威廉·莎士比亚所著。作品拥有深刻的悲剧意义、复杂的人物性格以及丰富完美的悲剧艺术手法。
- 整个西方文艺复兴时期文学的最高成就，影响了包括歌德、詹姆斯·乔伊斯、艾瑞斯·梅铎在内的众多作家。

《心血运动论》
1628 年

- 英国
- 英国生理学家、胚胎学家威廉·哈维公开发表此书，提出血液是循环运行的，心脏有节律的持续搏动是促使血液在全身循环流动的动力源泉。
- 从根本上推翻了统治千年的关于心脏运动和血液运动的经典观点，对当时的生物学界和医学界产生了巨大震荡和影响。

《聊斋志异》
1680 年

- 中国
- 清朝人蒲松龄所写的短篇小说集。全书共 491 篇，内容涉及狐、仙、鬼、妖等，以此来概括当时的社会关系。
- 反映了 17 世纪中国的社会面貌。堪称中国古典文言短篇小说之巅峰。

《自然哲学之数学原理》
1687 年
- 英国
- 英国科学家艾萨克·牛顿所著。确立了包括万有引力在内的力学体系，是经典力学的第一部经典著作，也是人类掌握的第一个完整的科学的宇宙论和科学理论体系。
- 成就了英国的工业革命，在法国诱发了启蒙运动和大革命，在社会生产力和基本社会制度两方面都有直接而丰富的成果。

《论法的精神》
1748 年
- 法国
- 法国思想家夏尔·德·塞孔达·孟德斯鸠的名著。全面分析了三权分立的原则，以专制政体为三种基本的政府形态之一。
- 使得专制政体成为 18 世纪政治思想中的一个核心主题。

《浮士德》
1768—1775 年间
- 德国
- 约翰·沃尔夫冈·冯·歌德的长篇诗剧。以德国民间传说为题材，以文艺复兴以来的德国和欧洲社会为背景，写了一个新兴资产阶级先进知识分子不满现实，竭力探索人生意义和社会理想的生活道路。
- 资产阶级整个上升时期历史的艺术概括，是人类历史上一座丰富的精神宝库。

《国富论》
1776 年 3 月 9 日
- 苏格兰
- 苏格兰经济学家和哲学家亚当·斯密出版的经济学专著，全称为《国民财富的性质和原因的研究》。第一次提出了"市场经济会由'无形之手'自行调节"的理论。
- 奠定了资本主义自由经济的理论基础，不仅影响了作家和经济学家，同时也影响了各国政府和组织。

《美国独立宣言》
1776 年 7 月 4 日
- 美国
- 由第二次大陆会议在费城批准。是北美洲十三个英属殖民地宣告脱离大不列颠王国，并宣告独立的纲领性文件。
- 宣告美国独立，使"人人生而平等"成为美国立国的基本原则。有力地推动了美国民主化的进程，对美国政治生活产生了经久不衰的影响，对世界历史的发展也起到了巨大的推动作用。

《红楼梦》
1791 年
- 中国
- 曹雪芹、高鹗合著。系统总结、批判了中国封建社会的文化和制度，并提出了朦胧的带有初步民主主义性质的理想和主张。这些理想和主张代表着资本主义经济的萌芽。
- 中国古典小说巅峰之作。具有高度思想性和艺术性的伟大作品。因其不完整，留下许多谜团引人探究，也构成了一门学问——"红学"。

《人口原理》
1798 年
- 英国
- 由英国人口学家和政治经济学家托马斯·罗伯特·马尔萨斯匿名发表。是学术史上的一部重要著作，也是出版以来社会科学领域争议最多的一部著作。
- 对世界人口理论以及整个社会生活的许多方面产生了广泛的影响。

《卡拉马佐夫兄弟》
1880 年
- 俄国
- 俄国作家费奥多尔·米哈伊洛维奇·陀思妥耶夫斯基著名的长篇小说。内容表面看是一桩弑父案，深层次上却是一幕关于人精神的戏剧，讲述了一个信仰、猜忌、理智与自由意志间的道德角斗。
- 小说中那个光怪陆离、博大精深的艺术世界，对各国许多文学流派、作家和读者都产生了极其复杂的影响。

《汤姆叔叔的小屋：卑贱者的生活》
1852 年
- 美国
- 美国作家哈里特·比彻·斯托（斯托夫人）发表的长篇反奴隶制小说。书中阐述了关于非裔美国人与美国奴隶制度的观点。
- 在某种程度上激化并导致美国内战的地区局部冲突。

《论自由》
1859 年
- 英国
- 英国思想家约翰·斯图亚特·密尔所著。论述了资本主义制度下的公民自由权利。
- 自由理论体系的集大成之作，被评价为"对个人自由最动人心弦，最强有力的辩护"。

《物种起源》
1859 年 11 月 24 日
- 英国
- 由英国生物学家查尔斯·罗伯特·达尔文所著。书中首次提出进化论的观点，试图证明物种的演化是通过自然选择和人工选择的方式实现的。
- 进化论思想被公认为 19 世纪自然科学的三大发现之一，成为人类思想发展史上一座最伟大的划时代的里程碑。

《梦的解析》
1899 年 11 月
- 奥地利
- 奥地利神经学家西格蒙德·弗洛伊德在书中开创了"梦的解析"理论。该书与达尔文的《物种起源》、哥白尼的《天体运行论》并称为"导致人类思想革命的三大经典作品"。
- 为人类潜意识学说奠定了稳固的基础，树立了人类认识自身的新里程碑，引导了整个 20 世纪的人类文明。

《战争论》
18 世纪末 19 世纪初
- 普鲁士
- 普鲁士军事家卡尔·冯·克劳塞维茨在书中提出了著名的"战争是政治的继续"观点，以及进攻是最好的防御等西方军事理论的基本思想。
- 西方军事理论的经典之作。

《相对论》
1905 年 10 月

- 德国
- 犹太裔理论物理学家阿尔伯特·爱因斯坦发表了名为《关于运动物体的电动力学》的论文，提出了著名的关于时空和引力的理论——狭义相对论假说。1915 年，爱因斯坦又提出了广义相对论的假想。
- 极大地改变了人类对宇宙和自然的"常识性"观念，与量子力学的提出一起给物理学带来了革命性的变化，共同奠定了现代物理学的基础。

《寂静的春天》
1962 年

- 美国
- 由美国海洋生物学家雷切尔·卡森所著。书中关于农药危害人类环境的预言，强烈震撼了社会广大民众。
- 人类首次关注环境问题的著作。唤起了人们的环保意识。促使联合国召开"人类环境大会"，并由各国签署了"人类环境宣言"，开始了环境保护事业。

第六阶段　全球共产主义运动的阅读准备

1897 年—1921 年

《共产党宣言》
1848 年

- 英国
- 由卡尔·海因里希·马克思和弗里得里希·恩格斯共同写就。书中第一次全面系统地阐述了科学社会主义理论，鼓励无产者联合起来发动革命，以推翻资本主义并最终建立一个无产阶级的社会。
- 无产阶级政党是最基本、最重要的政治纲领之一。标志着马克思主义的诞生。对全世界的无产阶级革命运动起了巨大的推动作用，并直接影响了中国几代领导人的政治方针，推动了中国的发展。

《资本论》
1867 年

- 德国
- 马克思所著。以唯物史观的基本思想为指导，通过深刻分析资本主义生产方式，揭示了资本主义社会发展的规律，同时也使唯物史观得到了科学的验证和进一步的丰富发展。
- 对日后社会科学和人文科学的诸多领域有着深远影响。

《天演论》
1897 年 12 月

- 中国
- 英国生物学家赫胥黎《天演论》的中文翻译版本。由中国学者严复翻译。书中"物竞天择，适者生存"的观点，向中国人发出了与天争胜、图强保种的呐喊，为中国人打开了认识世界的大门。
- 在本书影响下，一系列文化政策调整为西方文化的引进提供了更为便利的条件，中国对西方文化的认识不断深化，新时期的革命正蓄势待发。

《阿 Q 正传》
1921 年 12 月

- 中国
- 作家鲁迅的中篇小说。以辛亥革命前后的社会为背景，通过雇农阿 Q 的受压迫，要反抗，最后被反动势力杀害的悲剧描写，深刻地揭示了当时农村的阶级矛盾，批判了资产阶级领导的辛亥革命脱离群众及其不彻底性。
- 中国现代文学史上最杰出的作品之一。世界公认的名作。

第七阶段　数字化阅读势不可挡

1969 年—2000 年

因特网诞生
1969 年 10 月

- 美国
- 美国计算机科学家 Leonard K 教授在一台老式电脑上发出了世界上第一封电子邮件。此后的十几年间，这一技术不断发展、演化，在 1987 年正式更名为 Internet，将我们的世界带入了一个新的维度。
- 宣告了新阅读、电子阅读时代的到来。

《下午》
1987 年 10 月

- 美国
- 作者 Michael Joyce 使用 Storyspace 软件编写的第一本通过严格审查的超文本格式的电子书(e-Books)。这本电子书在美国计算机协会上公之于众并通过 5 寸的软盘发行。
- 世界上第一本电子书。

BiblioBytes
1993 年

- 新泽西州
- 专门出版电子书的公司。
- 世界上第一个数字图书出版商。

火箭阅读器
1998 年 10 月

- 美国
- 美国 NuvoMedia 公司推出的第一款手持电子阅读器。它使人们可以通过计算机下载电子书，并通过便携的工具阅读。
- 改变了电子书市场的结构。

第一届国际电子书研讨会
1998 年

- 马里兰州盖士堡
- 美国国家标准和技术协会举办。会上讨论并制定了电子书制作的标准及一系列标准化电子出版物格式的规定。
- 一年后出台了电子书出版物结构的相关标准，规定将 HTML 和 XML 作为电子书的标准出版格式。

《骑弹飞行》
2000 年 3 月

- 美国
- 美国恐怖小说家史蒂芬·金的短篇小说。该小说被放在网上，两天内下载次数达到 50 万，一个月后，史蒂芬·金宣称已获得 45 万美元的收入。
- 创造了传统出版界所没有的奇迹。在美国掀起了一股声势浩大的电子书热潮，使掌上阅读设备市场呈现出生机勃勃的局面，宣告一个电子书籍的时代就要来临。

Famous Sayings
书中锦句

中国卷

　　希望散居在全球各地的人们,无论你是年老还是年轻,无论你是贫穷还是富有,无论你是患病还是健康,都能享受阅读带来的乐趣,都能尊重和感谢为人类文明做出巨大贡献的文学、文化、科学思想大师们,都能保护知识产权。

——世界图书与版权日宣传主旨

家贫志不移,贪读如饥渴。

范仲淹

读书谓已多,抚事知不足。

王安石

粗缯大布裹生涯,腹有诗书气自华。

苏 轼

读书有三到,谓心到,眼到,口到。

朱 熹

风声雨声读书声,声声入耳;家事国事天下事,事事关心。

顾宪成

我一生的嗜好,除了革命外,只有好读书,我一天不读书,便不能生活。

孙中山

我们一面要养成读书心细的习惯，一面要养成读书眼快的习惯。心不细则毫无所得，等于白读；眼不快则时候不够用，不能博搜资料。

梁启超

爱看书的青年，大可以看看本分以外的书，即课外的书，不要只将课内的书抱住。应做的功课已完而有余暇，大可以看看各样的书，即使和本业毫不相干的，也要泛览。譬如学理科的，偏看看文学书，学文学的，偏看看科学书，看看别个在那里研究的，究竟是怎么一回事。这样子，对于别人，别事，可以有更深的了解。

鲁 迅

凡事都要脚踏实地去工作，不驰于空想，不骛于虚声，惟以求真的态度作踏实的功夫。以此态度求学，则真理可明，以此态度做事，则功业可就。

李大钊

读书要四到：一是眼到，二是口到，三是心到，四是手到。

胡 适

盖世人读书，第一要有志，第二要有识，第三要有恒。有志则断不甘为下流；有识则知学问无尽，不敢以一得自足，如河伯之观海，如井蛙之窥天，皆无识者也；有恒财断无不成之事。此三者缺一不可。

钱　穆

读书不可以强读，强读必无效，反而有害，这是读书之第一义。

林语堂

读死书是没有用的，要知道怎样用眼睛去观察，用脑子去思想才行。

茅　盾

世界上的大思想家和大发明家，都从书堆中进去，再从书堆中出来。

郁达夫

鸟欲高飞先振翅，人求上进先读书。

李苦禅

我读书奉行九个字：就是"读书好，好读书，读好书"。

冰 心

读书，永远不恨其晚。晚比永远不读强。

梁实秋

读书是在别人思想的帮助下，建立起自己的思想。

巴 金

读书好似爬山,爬得越高,望得越远;读书好似耕耘,汗水流得多,收获更丰满。

臧克家

各美其美,美人之美,美美与共,天下大同。

费孝通

人做了书的奴隶, 便把活人带死了……把书作为人的工具,则书本上的知识便活了,有了生命力了。

华罗庚

我觉得读书好比串门儿——"隐身"的串门儿。要参见钦佩的老师或拜谒有名的学者,不必事前打招呼求见,也不怕搅扰主人。翻开书面就闯进大门,翻过几页就升堂入室;而且可以经常去,时刻去,如果不得要领,还可以不辞而别,或者干脆另找高明,和他对质。不问我们要拜见的主人住在国内国外,不问他属于现代古代,不问他什么专业,不问他讲正经大道理或是聊天说笑,都可以挨近前去听个足够。

杨　绛

我爱书。我常常站在书架前，这时我觉得我面前展开了一个广阔的世界，一个浩瀚的海洋，一个苍茫的宇宙。

刘白羽

我喜欢的书，看时特别小心，外面另外用纸包着，以免污损封面；不喜欢的就不包。

张爱玲

人类千百年以来保存智慧的手段不出两端：一是实物比如长城等，二是书籍，以后者为主。在发明文字以前，保存智慧靠记忆；文字发明了以后，则使用书籍。把脑海里记忆的东西搬出来，搬到纸上，就形成了书籍，书籍是贮存人类代代相传的智慧的宝库。后一代的人必须读书，才能继承和发扬前人的智慧。人类之所以能够进步，永远不停地向前迈进，靠的就是能读书又能写书的本领。我常常想，人类向前发展，有如接力赛跑，第一

季羡林

代人跑第一棒，第二代人接过棒来，跑第二棒，以至第三棒、第四棒，永远跑下去，永无穷尽，这样智慧的传承也永无穷尽。这样的传承靠的主要就是书，书是事关人类智慧传承的大事，这样一来，读书不是"天下第一好事"又是什么呢？

　　许多写书的人和读书的人并不相遇，但他们的心仍跨越时空地在交流。读书之时，心如止水。仿佛两个人在空灵寂静的屋子里促膝交谈，彼此之间的呼吸也能听得清清楚楚。阅读能够使人进入不同时空的诸多他人的世界。这样，读书的人无形间获得了超越有限生命的无限可能性。

余光中

　　读书使我感觉良好，使我进入一个美好文明的世界，我明明觉到了，读书在增长我的知识、见闻、能力。读书就是和朋友切磋谈心，读书也是对自己灵魂的追问。

王　蒙

　　书籍浩如烟海，人的精力有限，所以全读不可能也无此必要，但是选读又常常感到无所适从。

张广厚

　　读书多了，容颜自然改变，许多时候，自己可能以为许多看过的书籍都成了过眼云烟，不复记忆，其实它们仍是潜在的。在气质里，在谈吐上，在胸襟的无涯，当然也可能显露在生活和文字里。

三　毛

人的癖好五花八门，读书是其中之一。但凡人有了一种癖好，也就有了看世界的一种特别眼光，甚至有了一个属于他的特别的世界。不过，和别的癖好相比，读书的癖好能够使人获得一种更为开阔的眼光，一个更加丰富多彩的世界。

周国平

读孔得仁，读孟得义，读老得智，读庄得慧，读墨得力行，读韩得冷眼，读荀得自强不息。先秦诸子，家家都要读。一有偏好，就会出问题。另外，读书人不能不读书，也不能只读书。我更喜欢的还是这句话：与有肝胆人共事，于无字句处读书。

易中天

"修合无人见，存心有天知。"说的虽是医德，其实也可作读书的座右铭，读书也是一种修合，不是给别人看的，也不是为别人读的，更不是为功名利禄的。读书人的德行，心知书知，天知地知。

肖复兴

学问真是可爱啊！它像是印章，盖在你人生的支票上，到时候，就可以提领。人生的支票愈多，愈能左右逢源，愈能在紧要关头，获得灵光一闪。即使在人生的困境，都能因为你被学问充实的心灵，而得到舒缓。甚至让你转化，把那痛苦化作篇章、变成力量。

刘　墉

北 岛

读书与上学无关，那是另一码事：读——在校园以外，书——在课本以外，读书来自生命中某种神秘的动力，与现实利益无关。而阅读经验如一路灯光，照亮人生黑暗，黑暗尽头是一豆烛火，即读书的起点。

贾平凹

你若喜欢上一本书了，不妨多读：第一遍可囫囵吞枣读，这叫享受；第二遍就静心坐下来读，这叫吟味；第三遍便一句一句想着读，这叫深究。三遍读过，放上几天，再去读读，常又会有再新再悟的地方。

舒 婷

和书的缘分就像谈恋爱，越是遭到砍伐杀戮，越是生长得疯狂，热烈。

毕淑敏

你在书籍里看到了无休无止的时间流淌，你就不敢奢侈，不敢口出狂言。自知是一切美好的基石。当你把他人的聪慧加上你自己的理解，恰如其分地轻轻说出的时候，你的红唇就比任何美丽色彩的涂抹，都更加光艳夺目。

你想美好吗？你就读书吧。不需要花费很多的金钱，但要花费很多的时间。坚持下去，持之以恒，优美就像五月的花环，某一天飘然而至，簇拥你颈间。

书海浩淼，水能载舟亦能覆舟。一个人面对那么多的书，他要有充分的自主意识、驾驭意识。知识欺人，比世上任何恶人欺人还甚，一个没有自主意识的人，早晚会沦为知识的奴隶。而无驾驭意识，知识不过是一堆毫无用处的石头，它既不能助你前进，也不能使你增加财富。知识只有在那些有自主意识、驾驭意识的读书人那里，才可亲可爱，才具有美感，才具有使人升华的力量。只有那样的读书人，也才会有畅游知识海洋的莫大快感。

曹文轩

不读书的国家或者不读书的民族，不敢说是愚蠢的民族，但肯定是一个留下很多遗憾的民族。

莫　言

判断一个人的素质高低：一、能不能把会做的事做好；二、会做的事能不能一次性做好。

刘震云

阅读是一种对话，一种你和书之间的相互理解。若你不能和一本书产生共鸣，你就是在浪费青春了，即便它确实是一本好书，你读了没有自己的感受也是白读。

余　华

苏 童

这个时代,很多人无论白天的生活有多么光鲜、多么忙碌、多么热闹,很多时候晚上都要面对一个人的世界,一个人孤独的内心世界,孤单伴随着忙碌的人生,这是很多人都面临的一个问题。我同意读书这件事是好的,读书可以处理孤单,在书中能够与很多人相处,与很多新的世界相依,会有更多的发现。我很喜欢美国学者哈罗德·布鲁姆的一个观点,他认为读书可以让一个人学会如何利用和品尝他的孤独。我把它理解为当今阅读对现代社会人生活的重要意义的一个方面,阅读是有疗效的。

外国卷

要想向我学知识，你必须先有强烈的求知欲望，就像你有强烈的求生欲望一样。

【古希腊】苏格拉底

我一息尚存而力所能及，总不会放弃爱智之学。

【古希腊】柏拉图

吾爱吾师，吾更爱真理。

【古希腊】亚里士多德

读书不是为了雄辩和驳斥，也不是为了轻信和盲从，而是为了思考和权衡。

【英国】培根

书籍并不是没有生命的东西，它包藏着一种生命的潜力，与作者同样地活跃。不仅如此，它还像一个宝瓶，把作者生机勃勃的智慧中最纯净的精华保存起来。

【英国】弥尔顿

没有大胆的猜测就没有伟大的发现。

【英国】牛顿

书读得越多而不加思索，你就会觉得你知道得很多；但当你读书而思考越多的时候，就会清楚地看到，你知道得很少。

【法国】伏尔泰

每天读上五小时的书，人很快就会变得渊博起来。

【英国】塞缪尔·约翰逊

读书而不能运用，则所读书等于废纸。

【美国】华盛顿

历史给我们的教训是，人们从来都不知道汲取历史的教训。

【德国】黑格尔

读书不思考，就不可能心领神会，得到的浅薄印象往往稍纵即逝。

【德国】叔本华

书籍是朋友,虽然没有热情,但是非常忠实。

【法国】雨果

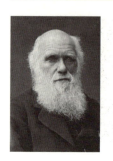

我所学到的任何有价值的知识都是由自学中得来的。

【英国】达尔文

好学之人,必成大器。

【美国】林肯

书——这是这一代对另一代精神上的遗训,这是行将就木的老人对刚刚开始生活的年轻人的忠告,这是行将去休息的站岗人对走来接替他的岗位的站岗人的命令。

【俄国】赫尔岑

书籍是人类最宁静和最永恒的朋友，也是最易接近和最具智慧的顾问，还是最有耐心的良师益友。

【英国】乔治·艾略特

书籍不仅对那些不会读书的人哑口无言，就是对那些机械读完了书而不会从死字母中吸取思想的人，也是哑口无言。

【俄国】乌申斯基

读书不能囫囵吞枣，而要从中吸取自己需要的东西。

【挪威】易卜生

书籍是少年的食物，它使老年人快乐，也是繁荣的装饰和危难的避难所，慰人心灵。

【俄国】列夫·托尔斯泰

书籍是最好的朋友。当生活中遇到任何困难的时候，你都可以向它求助，它永远不会背弃你。

【法国】都德

读书是灵魂的壮游，随时可发现名山巨川、古迹名胜、深林幽谷、奇花异卉。

【法国】法朗士

喜欢读书，就等于把生活中寂寞的时光换成巨大享受的时刻。

【法国】莫泊桑

好书读得越多越让人感到无知。

【爱尔兰】萧伯纳

读书是一种探险，如探新大陆，如征新土壤。

【美国】约翰·杜威

从来没有人为了读书而读书，只有在书中读自己，在书中发现自己，或检查自己。

【法国】罗曼·罗兰

知识是珍贵宝石的结晶，文化是宝石放出的光泽。

【印度】泰戈尔

学问是光明，蒙昧是黑暗。念书吧！

【俄国】契诃夫

热爱书籍吧！书籍是知识的源泉，只有书籍才能解救人类，只有知识才能使我们变成精神上坚强的、真正的、有理性的人。唯有这种人能真诚地热爱人，尊重人的劳动，衷心地赞赏人类永不停息的伟大劳动所创造的最美好的成果。

【苏联】高尔基

读一部书有两个动机：一个是你喜爱它，另一个是你可以夸耀它。

【英国】罗　素

养成阅读的习惯等于为自己筑起一个避难所，几乎可以避免生命中所有的灾难。

【英国】毛姆

年轻人读书要小心，要像老年人对待他们的饮食一样，不能吃太多，应该细嚼慢咽。

【英国】温斯顿·丘吉尔

在所阅读的书本中找出可以把自己引到深处的东西，把其他一切统统抛掉，就是抛掉使头脑负担过重和会把自己诱离要点的一切。

【美国】爱因斯坦

有人说，知识就是力量。对我来说，知识就是幸福。有了知识，你就可以区别真理和谬误，可以分清高尚与渺小。当你了解到各个时期人们的思想行为时，你就会对发展到今天的人类产生同情和亲近的感情。

【美】海伦·凯勒

书籍是任何一种知识的基础，是任何一门学科的基础的基础。

【奥地利】茨威格

如果我们在读的这本书不能让我们醒悟，就像用拳头敲打我们的头盖骨，那么，我们为什么要读它？难道只因为它会使我们高兴？我的上帝，如果没有书，我们也应该高兴，那些使我们高兴的书，如果需要，我们自己也能写。但我们必须有的是这些书，它们像厄运一样降临我们，让我们深感痛苦，像我们最心爱的人死去，像自杀。一本书必须是一把冰镐，砍碎我们内心的冰海。

【奥地利】卡夫卡

读书的艺术，在很大程度上，就是在书中重新发现生活，更准确地理解生活的艺术。

【法国】安德烈·莫洛亚

真正的读书使瞌睡者醒来，给未定目标者选择适当的目标。正当的书籍指示人以正道，使其避免误入歧途。

【美国】戴尔·卡耐基

书籍使人们成为宇宙的主人。

【苏联】巴甫连柯

读了一本书，就像对生活打开了一扇窗户。

【苏联】奥斯特洛夫斯基

我是从书堆里开始我的生活的，就像我将在书堆里结束我的生活一样。

【法国】萨特

书籍是屹立在时间的汪洋大海中的灯塔。

【美国】惠普尔

我们常从读书中得到很多好处，但也只有在成年后自觉地不按照作者有意安排的那种方式去读时，才能得益匪浅。

【美国】威斯坦·休·奥登

正确的略读可使人用很少的时间接触大量的文献，并挑选出有特别意义的部分。

【澳大利亚】贝弗里奇

今天的作家不应为制造历史的人服务,而要为承受历史的人服务。否则,他将形影相吊,远离真正的艺术。

【法国】阿尔贝·加缪

年轻人最应该做两件事:读书和旅行。因为读书可以增长人的知识,旅行可以开阔人的视野。

【美国】约翰·肯尼迪

课外阅读,用形象的话来说,既是思考的大船借以航行的帆,也是鼓帆前进的风。没有阅读,就既没有帆,也没有风。

【苏联】苏霍姆林斯基

人民的精神生活比疆土的广阔更重要,甚至比经济繁荣的程度更重要。民族的伟大在于其内部发展的高度,而不在其外在发展的高度。

【俄罗斯】索尔仁尼琴

一位哲学家说过："没有书籍的人家，如同没有主人。"精读一本书如同一本万利，使你立于不败之地。

【日本】池田大作

书和读书人是一个永恒的命题；不喜欢读书的人，我不能说他什么！但是对于我，我觉得对不起自己的时间；时间只有在读书的时候才能变得充实；对于书的恶作剧，我是没有的，我有点小的完美主义精神！

【法国】安妮·弗朗索瓦

如果你想成为作家，你一定要遵守多阅读及常写作这两项原则。用多阅读去感受所谓普通和劣质的作品，这种经验可以帮助我们清楚地辨别并避免类似的情形出现在自己的作品中；阅读也是检测自己和所谓的佳作或经典之间的距离，并尽可能要求自己达到相同的境界；阅读也是体验不同写作风格的一种方式。

【美国】史蒂芬·金

后记

追寻"新时代的劝学篇"

大型电视系列片《读书的力量》总编导　夏骏

作为一部电视片作品,《读书的力量》缘起于与湖北省新闻出版广电局张良成局长的合作。良成局长此前曾担任湖北广播电视台台长,事业心很强,重视作品质量。任台长期间,曾经邀请我合作拍摄一部大型系列片《支点》,这部作品后来如约摄制成功。此间,张台长调离电视台,成为新闻出版广电局局长。大概从2013年开始,他邀请我来一起策划筹备制作一个关于读书主题的大型纪录片。良成局长认为,中国需要有分量的作品来推动全民阅读的时代主题,正如他在与我研讨时所说,"要做出新时代的劝学篇",召唤更多的中国人拿起书本,走向文明。

至于《读书的力量》这个片名的形成,则与央视已经播出的《公司的力量》有对应关系。很明显的,当今中国最大的热情在于发财致富,物质的激情弥漫于九州大地。这当然可以理解,一个穷困了太久的社会,一个物质需求憋闷了太久的国家,一旦释放开财富的手脚,能量会以井喷式的形态爆发出来。但对应的问题是,人类也是一种精神载体,对待物质的井喷,需要同等强大的精神文化来审视驾驭,物质和精神,犹如两条腿走路,如果一条腿在短时间内快速生长,另一条腿生长速度严重滞后甚至萎缩,病态就必然呈现了。义利之间,选择出现偏颇。因此,社会功利化,不择手段成为少数人习以为常的行为模式。毒奶粉、毒馒头、毒蔬菜、水污染、空气污染，这些社会丑恶现象往往根植于急功近利、唯利是图、无所敬畏的价值观。

道德衰落的背后是文明的衰退，是心灵的荒漠化。而人类从蛮荒走来，在与天地生灵的长久对话中，积淀了海量知识与智慧，以书本的形态承传累积数千年，这就是所谓"文明"的核心部分，人类之所以能够走出丛林，成为一定程度上的万物之灵长，就是凭借着这些伟大书籍的教诲指引。真正读书的、有智慧的人知道，加害他人最终会祸及自身；也不难理解，只有成就别人，才可能最终成就自己——这是基本的人间逻辑。因此，普遍读书的社会，才不会变成一个人与人之间互害的社会。

在物质以超常速度成长的时代，精神的建设必须及时跟进，而文明重建的必由之路又毫无疑问地离不开全民阅读。

《读书的力量》是一个并不容易落地的纪录片命题。怎么拍？一般意义上的理解，可以拍摄一些读书成就人生的典型事例，类似于十大读书成功人物这样的报道体例，这种选择也可能一时讨好，而且肯定更容易操作，但表扬稿式的报道肯定主题单薄，时过境迁，难免褪色。

在认真策划的基础上，我们选择了一个费力但有雄心的主题定位，就是把书与读书放在人类文明史的宏大脉系中，梳理出一个早就存在但缺少直接宣示的主题：人类文明史在相当意义上看，就是书与读书所塑造的。没有书籍的发明、进化、传承，就没有近两千多年来人类生活日新月异的进化，就没有所谓的文明史。要把这个主题定位落实到一个纪录片作品中，显然是困难的，所以，本片的头三集《文明根脉》《精神底色》《历史之轮》动用了来自多个国家的演员，再现了东西方文明史中那些文化巨著的形成过程，以及文化巨人影响世界的历史故事，同时使用大量动画，力求生动揭示读书与文明史的深刻关联。至于实景拍摄，我们的行程走过约半个中国，纪录呈现中国历史上那些伟大作家的历史遗迹。《读书的力量》是一部史诗风格的作品，可以说，在当下中国纪录片界，这也是一部知识性较强且电视表现的技术含量比较高的作品。

第一集《文明根脉》讲的是本片主角"书"，它从无到有到成熟的历程故事。这一集有密集的知识点，任何一个文化人都值得用这半小时弄清楚"书"

的前世今生，其中有些点是很必要的释疑解惑。比如：为什么金文、帛书没有成为竹简那样的主力载体？为什么活字印刷这个伟大发明，最终在中国并没有能够替代雕版印刷；却在西方取得巨大成功，成为文明进步的重要工具？为什么依托破渔网、烂纤维作为材料的造纸术，被认为是人类文明史上价值重大的发现？不同形式的书决定了不同的阅读方式，也决定了哪些人在多大范围内可以读书。书籍作为一种文化载体，首先从硬件上成就了读书与知识承传扩展的可能性。

第二集《精神底色》以读书与文明史这一主题为文眼。全人类文明史的起点由为数不多的原典书籍所描绘，那些至今仍然被视为任何一个知识分子都必须研读的原典著作，是文明史的灵魂，也是当今文明的精神祖先。没有什么比塑造了人之所以为人的最基本的理念价值更重要。这些，都是书与读书的力量。

第三集《历史之轮》是"读书的力量"这个命题中，最宏大，也最具显性认知的景观。此前，人们也有这方面或清晰或模糊的基本认识，但从书籍对于人类历史演进的视角直接梳理，就会发现书籍及其承载的观念智慧，经过阅读传播所可能产生的神奇伟力，是磅礴浩大甚至不可阻挡的。一本《马可·波罗游记》引发了地理大发现，有的书，就是具备类似精神原子弹的巨大能量，即使最初阅读人数很少，也有可能引爆改变世界的力量。

前三集从书籍的起源、书籍对于人类精神文明的原典意义、书籍推动文明进化的三个层面，呈现与解读了文明史意义上"读书的力量"。

第四集《书写人生》则通过钱镠家族、翁同龢家族、蒲松龄等人生传奇来形象证明，人生的高度与读书之间不可替代的因果关系。本集讲述的这些示范千年的中国故事甚至有着人类共通的榜样价值，而因读书达成辉煌的中国家族又何止千百？科举对于中国文化传承的巨大导向力量与文明塑造影响，是中国历史的核心组成部分，甚至也是中华文明成为唯一没有中断的古老文明的一个特殊纽带。在前三集宏大叙事基础上，这一集落实到具体家族及个人命运，把一个家族的千年运程串联起来抽丝剥茧、寻根溯脉，从而发现，家族兴盛的奥秘在于读书的祖传家训，就具有针对性很强的启示教益价值。

第五集《全民阅读》，用一集来展现全民阅读在中国的实践历程。不仅仅是因为该片的出品方是政府机构；也因为在中国社会的文化工程领域，近十年来所取得的成绩中，全民阅读确实是最具有长远意义的。当深圳把城市中心地带最值钱的土地用于书城建设，当武汉把图书馆办到每个地铁站，四十年来和平状态的社会进化终于呈现出可喜的文明硕果，这是一个国家走向精神文化大国的出发点。而只有呈现文化大国的雄姿，才有可能成就一个国家和民族形神兼备的伟大。

《读书的力量》历时三年多，几番修改，几番补拍，在这个有些偏长的周期中，我们多次与湖北局的张良成局长、马莉副局长、杨陈清副局长、胡伟副局长、王潞主任等研讨交流。为了此片的协调，他们多次往返于北京武汉之间，从无怨言，表现出的政治素质和个人修养，令人敬佩。为"读书"而努力的岁月，因此留下很多温馨的回忆与难忘的情谊。

沿途十多个省市的拍摄，也是我们相逢故交新知的修行。在这里，谨向所有参与、帮助过《读书的力量》摄制工作的各界各地朋友们致敬、致谢。

长江文艺出版社把我们制作中的多个版本整合成书，又新添了对应的阅读背景，终以比电视片更为丰富的格局奉献给读者。由此，这部作品得到更为多元，也更为深入的传播；于读者，于社会，都可谓一件好事。

读书的力量，永远是全人类最珍贵也最伟大的力量之一。有幸参与这部作品，肯定是一生中最光荣的事业。